民族之魂

通情达理

陈志宏◎编著

延边大学出版社

图书在版编目（CIP）数据

通情达理 / 陈志宏编著 . -- 延吉 : 延边大学出版社 , 2018.4（2023.3 重印）

（民族之魂 / 姜永凯主编）

ISBN 978-7-5688-4478-9

Ⅰ.①通… Ⅱ.①陈… Ⅲ.①品德教育—中国—青少年读物 Ⅳ.① D432.62

中国版本图书馆 CIP 数据核字（2018）第 069117 号

通情达理

———————————————————————————

编　　著：陈志宏

丛 书 主 编：姜永凯

责 任 编 辑：王　静

封 面 设 计：映像视觉

出 版 发 行：延边大学出版社

社　　址：吉林省延吉市公园路 977 号　　邮编：133002

网　　址：http://www.ydcbs.com　　E-mail：ydcbs@ydcbs.com

电　　话：0433-2732435　　传真：0433-2732434

发行部电话：0433-2732442　　传真：0433-2733056

印　　刷：三河市同力彩印有限公司

开　　本：640×920 毫米　　1/16

印　　张：8　　字数：90 千字

版　　次：2018 年 4 月第 1 版

印　　次：2023 年 3 月第 4 次印刷

ISBN 978-7-5688-4478-9

———————————————————————————

定价：38.00 元

人有灵魂，国有国魂；一个民族，也有民族魂。

鲁迅先生曾经说过："唯有民魂是值得宝贵的，唯有他发扬起来，中国才有真进步。"

鲁迅先生以笔代戈，战斗一生，曾被誉为"民族魂"。

民族魂，顾名思义，就是一个民族的灵魂！民族魂，是一个民族的精髓，体现了一种民族的精神，是一个民族生存和存在的精神支柱。

什么是中华民族的民族魂？那就是中华民族精神！它是中华民族凝聚力的理念核心，是中华文明传承的基因。它包含热烈而坚定的爱国情感，对生活的美好愿望和追求，为目标努力奋斗的拼搏毅力，为正义事业不惜牺牲自己的精神，以及正确的人生观和价值观。

前 言

翻开浩瀚的中国历史长卷，我们可以看到数不胜数的，体现民族精神和民族魂的英雄人物和可歌可泣的感人故事。

民族魂，不仅体现在爱国主义精神和行动中，而且体现在各个领域自强不息的民族奋斗中。而中华民族精神的力量，更是深深植根于延绵几千年的传统文化之中，始终是维系中华各族人民共同生活的纽带，是支撑中华民族生存和发展的精神支柱，是不断推动中华民族前进的强大动力。

民族魂体现在"重大义，轻生死"的生死观中；民族魂体现在"国家兴亡，匹夫有责"的使命感中；民族魂体现在"我以我血荐轩辕"的大无畏精神中；民族魂体现在将国家利益置于最高的爱国情怀中！

纵观中华五千年文明史，曾经有多少杰出的政治家、军事家、思想家、文学家、科学家、艺术家；曾经有多少忧国忧民、鞠躬尽瘁的仁人志士；曾经有多少抗击外敌、英勇献身的民族英雄。他们或顺应历史潮流，积极改革弊政，励精图治，治国安邦，施利于民；或为人类进步而不断进行着农业、工业、科技、社会等各种创新；或开发和改造河山，不断创造着灿烂的中华文明；或英勇反击外来侵略，捍卫着国家主权和民族尊严；或坚决反对民族分裂，维护国家的统一……他们从不同的侧面，体现了中华民族的民族魂，谱写了几千年中华文明的壮丽诗篇，铸造了中华民族高尚而坚不可摧的"民族之魂"。

民族魂，就是爱国魂。从屈原在汨罗江边高唱的《离骚》，到文天祥大义凛然赴死前的"人生自古谁无死，留取丹心照汗青"的诗句；从岳飞的岳家军抗击入侵金兵，到郑成功收复台湾；从血雨腥风的鸦片战争，到硝烟弥漫的十四年抗战，再到抗美援朝的隆隆炮声……哪个为国捐躯的英雄不是可歌可泣的？

民族魂，就是奋斗魂。从勾践卧薪尝胆，到司马迁秉笔直书巨著《史记》；从鉴真东渡传播佛法终在第六次成功，到詹天佑自力更生建铁路；从袁隆平百次实验成为"水稻之父"，到屠呦呦的青蒿素获得诺贝尔奖……哪个不是历经艰难，最终取得成功？

民族魂，就是改革献身魂。从管仲改革到商鞅变法；从王安石变法到百日维新……哪次变法图强不是要冲破

民族之魂

旧势力的阻挠，或流血牺牲？

民族魂，就是创新魂。古有毕昇发明活字印刷，今有王选计算机照排；古有指南针、造纸术、火药、浑天仪、地动仪的发明，今有神舟号的相继飞天……哪个不是中华民族的智慧结晶？

自古以来，多少仁人志士为了维护人格的尊严和民族气节，以生命为代价！留下了"玉可碎不可污其白，竹可断不可毁其节"的称颂；有多少英雄豪杰，为理想和事业奋斗，面对死亡的威胁，大义凛然；有多少爱国壮士面对侵犯祖国的列强，挺身而出而献出生命。

伟大的中华民族孕育了五千年的辉煌，五千年的历史留下了璀璨的中华文明。

前 言

中国人的血脉流淌着顽强不屈的精神！我们的先辈用血汗和生命铸就了不朽的中华民族魂！换得如今中华大地的一片祥和安宁，换得我们现在的幸福生活。如今，我们要实现习近平主席提出的中国梦，依然需要我们秉承祖辈留下的这种"民族魂"。

青少年是国家的希望，亦是民族的未来。因此，爱国主义教育和励志图强教育要从青少年开始。为了增强对青少年的民族精魂和志向教育，我们精心编写了本套丛书——《民族之魂》丛书。

本套丛书将我国有史以来体现民族精神和民族魂的典型事迹，以通俗易懂的语言故事形式展现出来，适合青少年的阅读水平和欣赏角度。书中提供的人物和事件等故事，涉及社会的各个方面，有利于青少年学习和理解，使读者能全方位地领悟中华民族精神。

为了帮助读者更好地理解和吸收故事的精神，编者在每篇故事后还给出了"心灵感悟"，旨在使故事更能贴近现实社会，让读者结合自身的需要学习领会，引发读者更深入的思考。

希望读者们可以从本套图书中获得教益，通过阅读，真正体会到中华民族之魂所在，同时能汲取其精华，不断提升自己各方面的素质和品格，为祖国新时代的建设和发展做出努力。

全套丛书分类编排，内容详尽，风格独具，是广大读者尤其是青少年爱国励志教育的优秀阅读材料。相信本套丛书一定可以成为青少年朋友的良师益友。

民族之魂

导言

　　"通情达理"是指人的心性修行、品格修养以及处事智慧等诸方面，能够心胸开阔、眼界高明、知晓事理。"达"有通达、豁达、达观之意。通情达理是对人的一种较高境界的要求。对中国传统思想文化影响最大的儒家学说主张积极入世。"致君尧舜上，再使风俗淳"是古代士人的梦想和目标，出仕是他们成就事业、博取功名的途径。但在礼崩乐坏、世道浊乱的时代，很多通情达理的士人"兼善天下"的宏图不能实现，他们便努力做到"独善其身"。他们绝意仕进、安贫乐道、诗文言志，为后人留下了一段又一段"深林人不知，明月来相照"的佳话。

　　人生在世，生老病死属自然；人之事业有兴衰成败，亲友有悲欢离合，仕途有穷达顺逆。每个人的一生都不是一帆风顺，都会遇到各种各样的艰难困苦。面对多变的世事，人的心境不可能永远波澜不惊。通情达理的人不斤斤计较细枝末节，不苟且于淫威暴力，不孜求于蝇头小利。他们往往能从大处出发，理解多数人的心理，因此往往能说出符合大众利益的道理，受到多数人的赞同。遇到危难、失败时，通情达理的人不会被困难、挫折吓倒，不会让消极情绪淹没心灵，反而豁达面对，并继续努力。

　　人最宝贵的是生命，对生死的乐观豁达最能体现一个人的达德。无论是在古代还是在现代，那些忧国忧民、以国家天下为己任的通情达理的仁人志士们都是不畏惧死。拥有生命的时候，他们勤奋努力，不辍进取，力求不虚度一日；面对生命的终结，他们不忧不惧，以达观之心坦然面对。对生死的达观态度并不意味着他们不热爱生命，而是因为他们懂得生命的意义和真谛，所以当面对死亡时，他们更能正确面对。在漫长的历史发展进程中，中华民族历经无数次兴衰而始终昂首屹立，那些为历史发展做出杰出贡献的通情达理的仁人志士和英雄豪杰们，犹如一颗颗明珠，熠熠生辉。他们之所以能做出不平凡的贡献，除了因为他们杰出的才能、坚韧的毅力和对机遇的把握外，更因为他们对世事内在的洞察，对人情世故的把握，使他们在处理事务时能充分考虑到各方面的情况，运筹帷幄，采取最恰当的行事方式，还能团结大多数的人为共同的目标奋斗，从而成就一番事业。

在本书中，我们从古代先贤和近、现代楷模的事迹中，精选出一些典型故事。这些故事的主人公身上，不仅具有鲜明的爱国爱民的思想，而且都有通情达理的智慧和美德。正是这种美德，构筑了他们完美的品德和人格，成为我们学习的榜样。希望大家通过阅读此书，从中受到教益，我们要继承和弘扬这种美德，像无数通情达理的先贤们那样，志存高远，通达乐观，以不懈努力成就事业。忘怀得失，淡泊名利，以高洁之举成就达德，做一个合格的新时代新青年，为和谐社会的建设做出自己的贡献。

目录 CONTENTS

第一篇
明事理处世达观

楚庄王不计小过得忠将

楚庄王（？—前591），春秋时期楚国君主，春秋五霸之一，又称荆庄王，芈姓，熊氏，名旅，一名侣。郢都（江陵纪南城）人，楚穆王之子，公元前613年至前591年在位。他在位期间非常重视选择人才，先后得到伍举、苏从、孙叔敖、子重等卓有才能的文臣武将的辅佐。群臣和睦，百姓安居乐业，国力日益强盛，为完成霸业奠定了基础。

公元前611年，楚庄王攻灭庸国。公元前606年，庄王伐陆浑之戎（今河南伊川一带），陈兵问鼎于周郊，以示有吞周之意。接着又破陈围郑。晋出兵救郑时，两军大战于邲（今河南郑州北），晋军败绩。此后，鲁、郑、陈、宋等中原国家先后归附楚国，楚庄王遂称霸中原。

周定王二年（前605年），楚庄王经过艰苦作战，平定了令尹斗越椒发动的叛乱。他大摆酒宴，招待群臣，欢庆胜利，名曰"太平宴"。酒宴开始，庄王兴致很高，说："我已六年没有击鼓欢乐了，今日平定奸臣作乱，破例请大家欢乐一天，朝中文武官员均要畅饮。"

夜深之后，庄王仍然兴致不减，令人点起蜡烛，继续饮酒，并让宠妾许姬前来祝酒助兴。忽然一阵大风将灯烛吹灭，这时有一人见许姬长得貌美，加之饮酒过度，难于自控，便乘黑灯之际拉住了许姬的衣袖。

许姬大惊，奋力挣脱时顺势扯下了那人帽子上的系缨。许姬取缨在手，连忙告诉庄王说："刚才敬酒时，有人乘烛灭欲有不轨，我把他帽子上的系缨抓了下来。大王快命人点上蜡烛，看看是哪个胆大包天的家伙？"

谁知庄王听后对许姬说："赏赐大家喝酒，以致他们过量失礼，这是我的过错，怎么能为显示女人的贞节而辱没别人呢？"他不但不追究那个人，反而命令正准备掌灯的人说："切莫点烛，寡人今日要与众卿尽情欢乐，开怀畅饮。如果谁不扯断系缨，说明他没有尽兴，那我就要处罚他！"

众人一听，齐声称好。百多人全都扯掉了系缨，之后，庄王才命令点燃蜡烛。

散席之后，许姬仍然愤愤不平，问庄王："男女之间应该有严格的界限，况且我是大王您的人。您让我给诸臣敬酒，是对他们的恩典。有人竟敢当着您的面调戏我，就是对大王您的侮辱。您不但不察不问，反而替他打掩护，这怎么能肃上下之礼、正男女之别呢？"庄王笑着说："这你就不懂了。你想想看，今天是我请百官来饮酒，大家从白天喝到晚上，大多带有几分醉意，酒醉出现狂态，不足为怪。我如果按照你说的把那个人查出来，一会损害你的名节，二会破坏酒宴的欢乐气氛，三也会损我一位大臣。现在我对他宽大为怀，他必知恩图报，于国、于我、于他都是有利的事情啊。"许姬听了庄王的一番话，十分佩服。后来，人们就把这个宴会叫做"绝缨会"。

八年之后，周定王十年（前597），楚庄王兴兵伐郑，前部主帅襄老的副将唐狡，自告奋勇带百余名士卒做开路先锋。唐狡与众士卒奋力作战，以死相拼，终于杀出一条血路，使后续部队兵不血刃杀到郑都。庄王非常高兴，称赞襄老说："老将军老当益壮，进军如此迅猛，为楚国立下了大功，大长我军威风啊！"

襄老诚实地答道："这哪里是老臣的功劳？都是老臣副将唐狡的战功啊！"

于是，庄王下令召来唐狡，准备给他重赏，谁知唐狡却答道："臣受大王恩赏已很多，战死亦不足回报，哪里还敢受赏呢？"

庄王很奇怪，以前并没赏赐过他，他何以如此说呢？唐狡接着说道："我就是'绝缨会'上扯了许姬袖子的人，大王不处置小臣，小臣不敢不以死相报。"楚庄王感叹地说："如果当初明烛治他的罪，怎么会有今天效力杀敌的猛士啊！"

■ 故事感悟

一个臣子调戏君主爱妾，在当时绝对属于大逆不道的犯上之举。可是楚庄王能通达地假装糊涂，不追究属下的过错，并且还设法掩护他，这的确不是一般人能做到的。所以他才能得到部下的拼死效力，最终成就霸业。

■ 史海撷英

春秋五霸

公元前770年至公元前476年（一说为前770年至前403年），历史上称为春秋时代。在这二百九十多年间，社会风云激荡，烽烟四起，战火连天。春秋初期诸侯列国有140多个，经过连年兼并，到后来只剩下较大的几个。一些强大的诸侯国为了争夺霸权，互相征战，争做霸主，先后称霸的五个诸侯被称做"春秋五霸"。春秋五霸的说法不一，《史记》记载是指齐桓公、宋襄公、晋文公、秦穆公和楚庄王。《荀子·王霸》认为是指齐桓公、晋文公、楚庄王、吴王阖闾、越王勾践。

□文苑拾萃

问鼎中原

鼎是古代烹煮食物的器物，一般是三足两耳，后来成为国家政权的象征。中原地区为中华文明的发源地，在古代被视为天下中心。这个成语的意思是企图夺取天下。

这个典故出自《左传》，楚王借攻打陆浑戎人之机，将大军驻扎在雒水，在周朝边境上炫耀武力。周定王派王孙满慰劳楚王。楚王借机询问周王室的九鼎的大小轻重，王孙满回答说："统治天下在于道德，不在于鼎。从前夏朝实行德政，天下诸侯拥护，九州贡献出金属，铸成九鼎。鼎上面有各种奇异东西的图像，教百姓知道神物和怪异。所以百姓进入川泽山林，不会碰到对自己不利的东西，包括魑魅魍魉这些妖怪。因此能够上下和谐，受到上天的保佑。夏桀昏乱，鼎迁到商朝，前后六百年。商纣暴虐，鼎又迁到周朝。天子德行美善光明，鼎虽然小，也是重的。如果奸邪昏乱，鼎虽然大，也是轻的。上天赐福给有美德的人，是有一定极限的。成王把九鼎放在郏鄏，曾经占卜过，可以传世30代，享国700年，这是上天命令的。今天周朝的德行虽然衰减了，可天命还没有改变。九鼎的轻重，是不能问的。"王孙满的回答顶住了楚庄王的压力，维护了周天子的权威。

秦穆公舍马得众心

秦穆公（？—前621），一作秦缪公，春秋时期秦国国君，嬴姓，赵氏，名任好。秦德公赵嘉之少子，秦宣公赵恬、秦成公赵载之弟。公元前659年至前621年在位，春秋五霸之一。秦穆公非常重视人才，其任内获得了百里奚、蹇叔、丕豹、公孙支等贤臣的辅佐。公元前645年，在韩原击败晋国，俘晋惠公，又曾协助晋文公回到晋国夺取君位。周襄王时出兵攻打蜀国和其他位于函谷关以西的小国，"益国十二，开地千里"。因而周襄王任命他为西方诸侯之伯，称霸西戎。他对秦的发展和古代西部的民族融合都做出了一定贡献，是颇有作为的政治家。

春秋时期，秦穆公在位期间，有一匹心爱的千里马走失了。他亲自出去找，发现岐山脚下的三百多个乡民已经把自己的那匹马杀掉了，正在一起吃肉。穆公对他们说："这是我的马。"这些人都惊恐地站起来，穆公左右的人要将他们抓起来绳之以法。穆公却说："一个仁义之君，哪能因为一个畜生而杀害自己的子民呢？我听说吃过千里马的肉以后，必须要喝些酒，否则会伤身体的。"于是，他下令赦免那些乡民，而且赐给他们酒，让他们畅饮。这些乡民既惭愧又非常感激穆公的恩德。

不久，晋国乘秦国闹旱灾之机出兵攻打秦国。两军在韩原（今山西河津）会战，因势单力薄，秦军处境危急，秦穆公也身负重伤。此时，曾蒙受秦穆公恩惠的乡民突然杀了出来，他们拿着锐利的武器以死相搏，奋力作战，保护穆公突破重围，并且活捉了晋惠公。

■故事感悟

在先秦时期，秦穆公可以称得上是一位杰出的君主。他深知民心的重要，在自己的财产乃至权威受到乡民侵犯后，首先想到的是要爱民，而不是惩罚他们以显示权威。正因为他有如此宽容的心胸、明达的举措，所以深得人心，在关键时刻能得到百姓的支援，从而反败为胜。

■史海撷英

秦穆公霸西戎

在秦国西部今陕甘宁一带，生活着许多戎狄部落和小国。他们常常突袭秦的边地，抢掠粮食、牲畜，掳夺子女，给秦人造成很大的灾难。秦穆公向西发展，采取了比较谨慎的策略，先强后弱，次第征服。当时，西戎诸部落中较强的是绵诸（今甘肃天水市东）、义渠（今甘肃宁县北）和大荔（今陕西大荔东）。公元前623年，秦军出征西戎，以迅雷不及掩耳之势包围了绵诸，在酒樽之下活捉了绵诸王。秦穆公乘胜前进，使二十多个戎狄小国先后归顺了秦国。秦国辟地千里，国界南至秦岭，西达狄道（今甘肃临洮），北至朐衍戎（今宁夏盐池），东到黄河，史称"秦穆公霸西戎"。

九方皋相马

秦穆公问伯乐："你的年纪大了，你的子孙中有可以派遣出去寻找千里马的人吗？"伯乐说："良马可以从它的形体、状貌和筋骨上看出来。天下最好的马，若隐若现，若有若无，奔驰起来跑得既快，还不扬起尘土，不留下马蹄的痕迹。我的儿子都是普通人，可以把良马告诉你，但不能把千里马告诉你。我有个一起扛东西打柴草的朋友九方皋，对马的识别能力不在我之下，请您召见他。"

穆公召见了九方皋，派他寻找千里马。三个月以后九方皋返回，报告说："已经找到了，在沙丘那个地方。"穆公问："是什么样的马？"九方皋回答说："是黄色的母马。"穆公派人去取马，却发现是纯黑色的公马。穆公很不高兴，召见伯乐，对他说："坏了！你推荐的找马的人，连马的颜色和雌雄都不能识别，又怎么能识别千里马呢？"

伯乐长叹道："九方皋相马竟到了这种境界，这就是千万个我加起来也无法及他的原因。九方皋看见的是内在的素质，发现马的精髓而忽略其他方面，注意马的内在而忽略它的外表，关注他所应该关注的，不去注意他所不该注意的。像九方皋这样的相马方法，是比千里马还要珍贵的。"后来，这匹马果然是千里马。

王翦用计得信任

> 王翦（生卒年不详），姬姓，王氏，名翦，频阳东乡（今陕西省富平县东北）人。秦国杰出的军事家，是继白起之后秦国的又一位名将，与白起、廉颇、李牧并称战国四大名将。与其子王贲在辅助秦始皇统一六国的战争中立有大功，除韩国之外，其余五国均为王翦父子所灭。他的主要战绩有破赵国都城邯郸，消灭燕、赵，以秦国绝大部分兵力消灭楚国。

王翦是秦国名将，他"少而好兵"，用兵多谋善断，还是秦王嬴政的军事老师。

秦王嬴政二十一年（前226），在灭亡韩、赵、魏，逼走燕王，多次打败楚国军队之后，秦王决定攻取楚国。秦王想让李信做灭楚的秦军统帅，就问李信："攻灭楚国需要多少军队？"气宇轩昂的李信不假思索地说："有大王的英明决策，挟秦军胜利之师的雄威，灭楚20万军队足矣。"

秦王听了，暗暗称赞李信果然是个少年英雄，有万丈豪气。但此事关系重大，他想再听听他人的意见。他目光掠过群臣，最后停在鬓眉皆白、身形已有些佝偻的老将王翦脸上，问道："王将军，你的意见呢？"

老将王翦久经沙场，身经百战，追随秦王多年，十分了解他的心性和为人，见秦王听了李信的话后面露喜色，就知道他有轻敌之心。但这等大事是不能阿谀讨好的，于是，王翦神色凝重地对秦王说："大王，楚国是个幅员数千里、军队上百万的大国。这些年来，楚国虽屡遭挫折，但一来其实力仍十分可观，二来楚人十分仇视秦国。楚军与秦军作战时，士卒凶悍不畏死。所以，仅用20万人去攻打楚国是远远不够的。依臣下之见，恐怕要……"王翦原想说20万人出兵必败无疑，但想到这不吉利的预言会触怒日渐骄狂的秦王，他改口说："灭楚非60万大军不可。"

秦王听了，毫不掩饰自己对王翦见解的失望，冷冷地说："看来，王将军果真老矣，胆子怎么这样小？还是李将军有魄力，20万军队一定能够踏平楚境！"于是，秦王派李信率20万军队去攻打楚国。

王翦料定李信必败，秦王现在虽听不进他的意见，将来一定会采用。不过秦王现在既已认为自己老朽无能了，如果继续赖着不走，恐怕会被秦王随意找个罪名加以罢斥，弄不好还会丢失性命。于是，他马上告病辞官，回老家休养去了。面对自己的正确意见不被采纳，王翦不是气愤不已，而是韬光养晦，不去计较。

果然不出王翦所料，李信带领20万秦军攻打楚国，被楚军打得大败，李信率残部狼狈逃回秦国。

秦王盛怒之下把李信革职查办。他后悔当初自己的轻率，随即下令备车驾，亲自去王翦的家乡，请王翦复出，带兵攻楚。

秦王见到王翦，恭恭敬敬地向王翦赔罪，说："上次是寡人错了，没听王将军的话，轻信李信，误了国家大事。为了一统天下的大业，务必请王将军抱病出马，出任灭楚大军的统帅。"

王翦并没有因秦王的赔罪而忘乎所以，他冷静地说："我身受大王的大恩，理应誓死相报。大王若要我带兵灭楚，那我仍然需要60万军队。楚国地广人众，他们可以很容易地组织起100万军队。秦军必须要有60万，才能勉强应付。少于此数，我们的胜算就很小了。"

秦王连忙赔笑说："寡人现在唯将军之计是从。"随后征集60万军队交给王翦指挥。

出兵之日，秦王亲率文武百官到灞上为王翦摆酒送行。饮了饯行酒后，秦王见王翦唇齿翕动，似有话要说，赶忙问道："王将军心中有何事？不妨对寡人讲一讲。"

王翦装出一副惶恐的样子说："请大王恩赐些良田、美宅与园林给臣下。"秦王听了，说："王将军是寡人的肱股之臣，国家对将军依赖甚重，寡人富有四海，将军还担心贫穷吗？"王翦却又分辩了几句："大王废除了三代的裂土分封制度，臣等身为大王的将领，功劳再大也不能封侯，所指望的只有大王的赏赐了。臣下已年老，不得不为子孙着想，所以希望大王能恩赐一些，作为子孙日后衣食的保障。"秦王哈哈大笑，满口答应："好说，好说，这是件很容易的事，王将军就放心地出征吧。"

自大军出发至抵达秦国东部边境为止，王翦先后派回五批使者，向秦王要求多多赏赐些良田。王翦的部将们都认为他昏头了，胸无大志，整天只想着替儿孙置办产业。面对众人的不理解，王翦说："我这样做是为了解除我们的后顾之忧。大王生性多疑，为了灭楚，他不得不把秦国全部的精锐部队都交给我，但他并没有对我深信不疑。一旦他产生了疑念，轻者，剥夺我的兵权，这将破坏我们的灭楚大计；重者，不仅灭楚大计成为泡影，恐怕我和诸位的性命也将难保。所以，我不断向他要求赏赐是为了让他觉得我绝无野心。因为一个贪求财物、一心想为子孙积聚良田美宅的人，是不会想到要去谋反叛乱的。"

秦王果然因此而相信王翦没有异心，放手让他指挥60万大军进行灭楚战争。仅用了一年多时间，王翦就攻下了楚国的最后一个都城寿春（今安徽寿县），俘虏了楚王，兼并了秦国最大的对手。

■故事感悟

将军不但要懂军事，还要懂得揣摩君王的心理。王翦对灭楚兵力的正确估计和他消弭秦王疑心的巧妙办法，显示了他不仅在军事形势的判断上有远见之明，更在君臣政治关系上有深刻的洞察力。所以，既能保全身家性命，又能建立盖世功勋。

■史海撷英

王翦巧计灭楚

王翦代替李信为将攻楚国的消息传出后，楚王就尽数调集全国的军力来抗击秦军。王翦的军队赶赴战场后构筑坚固营垒，只守不攻。楚军每每挑战，王翦始终不应战。王翦与士兵每日照常休息沐浴，并一起进食。士兵们投石、跳远进行锻炼。一段时间以后，王翦看到士兵的精力都很充沛，说："士卒可上战场作战了。"由于秦军拒战不出，楚军以为秦军只是防守边境，于是开始向东撤退。王翦趁楚国撤军时机，率军追击楚军，一路乘胜追击到蕲南。楚国的将军项燕在此兵败被杀（一说为自杀），楚军终于全面溃散，秦军一路拿下楚国的各城邑。一年后，王翦攻破楚都寿春，俘虏了楚王负刍，尽收楚地入秦，设为郡县。

古风五十九首（其三）

（唐）李白

秦王扫六合，虎视何雄哉！挥剑决浮云，诸侯尽西来。
明断自天启，大略驾群才。收兵铸金人，函谷正东开。
铭功会稽岭，骋望琅琊台。刑徒七十万，起土骊山隈。
尚采不死药，茫然使心哀。连弩射海鱼，长鲸正崔嵬。
额鼻像五岳，扬波喷云雷。鬐鬣蔽青天，何由睹蓬莱？
徐市载秦女，楼船几时回？但见三泉下，金棺葬寒灰。

萧何从善如流得善终

萧何（？—前193），早年在家乡沛县（今江苏沛县）任狱吏，秦末辅佐刘邦起义。攻克咸阳后，他接收了秦丞相、御史府所藏的律令、图书，掌握了全国的山川险要、郡县户口，对日后制定政策和取得楚汉战争胜利起了重要作用。楚汉战争时，他留守关中，使关中成为汉军的巩固后方，不断地输送士卒和粮饷支援作战，对刘邦战胜项羽起了重要作用。萧何采摭秦六法，重新制定律令制度《九章律》。他主张"无为"，喜好黄老之术。刘邦死后，他辅佐惠帝。惠帝二年（前193）卒，谥号"文终"。

楚汉战争爆发以后，萧何作为丞相留守巴蜀，镇抚地方，告谕百姓，动员他们向刘邦供给粮食军需。

汉王二年（前205），汉王刘邦同各路诸侯攻打西楚霸王项羽，萧何留守关中，辅佐太子。他制定法令规章，建立宗庙、社稷、宫室，凡事总是及时禀奏刘邦，刘邦也总是应允实行。有时来不及禀奏，就酌情办理，刘邦回来后再禀奏。

汉王三年（前204），汉王在京县、索亭一带与项羽对峙，却又频频派遣使臣来关中慰劳萧何。鲍生对萧何说："如今汉王在前方风餐露宿，却又多次派人来犒劳您，这说明他对您有疑心。我替您考虑，您最好把您的子孙兄弟，凡是能拿起兵器的，都送到汉王军营，如此汉王才能更加信任您。"萧何采纳了他的建议，刘邦十分高兴。

汉王五年（前202），刘邦消灭项羽，登上帝位，按军功来赏赐群臣。由于群臣争功不休，所以一年多也没决定下来。刘邦鉴于萧何功勋最为卓著，就先封萧何为酂侯，享受8000户的食邑。

功臣们都问："我们这些人身披盔甲，手拿兵器，多则身经百战，少则也有几十战，攻城略地。而萧何不曾有汗马功劳，只是玩笔杆子，耍嘴皮子，没打一仗，功劳反倒在我们之上，这是为什么？"

刘邦说："你们知道打猎吗？打猎时，追杀猎物的是猎狗，而指示猎物所在的地方，放猎狗前去追咬的，却是人，现今你们这些人只是能追捕猎物的狗而已。至于萧何，发令指挥，却是有功的猎人啊！再说你们只是独自一人追随我，多的也不过两三人；萧何却带着他兄弟子孙数十人追随我，功劳是不可以忘记的啊！"此后，群臣再没人敢提及这事了。

汉高帝十年（前197），陈豨举兵反叛，刘邦亲自率军出征，抵达邯郸。此间，韩信在关中密谋造反，吕后采纳萧何的计策，杀掉韩信。刘邦听说韩信已被诛杀，便派遣使者拜萧何为相国，加封食邑五千户，并派来五百士卒、一位都尉作为相国的警卫。大家都来道贺，唯独召平却来哀吊。召平对萧何说："大祸从此就要降临了。皇上在外面栉风沐雨，您却留守在朝里，不用冒险犯难。如今皇上之所以为您加封食邑、安置警卫，是因为淮阴侯刚刚在京师造反，他对您也有疑心。安排官兵警卫监视您，并不是宠信您啊。所以我希望您辞掉封赏，不要接受，并且把您家里的财产统统捐献出来，佐助军费。"萧何采纳了他的计策，刘邦又很高兴。

第二年秋天，淮南王英布举兵反叛，皇上亲自率领大军出征。这期间，多次派遣使臣询问留守在京师的萧何在干什么。使臣回禀道："相国因为皇上身在军旅，所以在后方积极地安抚劝勉百姓，并倾其家产佐助军费，就像皇上平定陈豨时的情形一样。"

有人对萧何说："您离满门抄斩不远了。您当初入关就深得人心，至今已十多年了，老百姓都爱戴您，您却还孜孜不倦地收拢人心。皇上之所以频频派人来询问您的情况，是害怕您跺跺脚关中就得动三动。如今您为什么不大量收买田地、发放赊贷，来玷污自己的声誉？这样，皇上就会放心了。"萧何采纳了他的计策，刘邦这才满心欢喜。

■故事感悟

萧何在汉初众功臣中能避免被屠戮得善终，不仅在于他勤勤恳恳地为刘氏效力，更在于他从善如流，善于表达自己的忠心，并不惜以"自污"的方式获得帝王的信任。他的故事告诉我们，既要会做事，又要会做人，谨守本分和善于表达自己同等重要。

■史海撷英

萧何月下追韩信

秦末农民战争中，韩信仗剑投奔项梁，项梁兵败后归附项羽。他曾多次向项羽献计，始终不被采纳，于是离开项羽投奔了刘邦。有一天，韩信违反军纪，按规定应当斩首，临刑时看见汉将夏侯婴，就问道："难道汉王不想得到天下吗？为什么要斩杀壮士？"夏侯婴见韩信话语不凡、相貌威武，下令释放韩信，并将他推荐给刘邦，但未被重用。后韩信多次与萧何谈论，为萧何所赏识。刘邦至南郑途中，韩信思量自己难以受到刘邦的重用，中途离去，被萧何发现后追回，这就是"萧何月下追韩信"的故事。

此时，刘邦正准备收复关中，萧何就向刘邦推荐韩信，称他是争夺天下不能缺少的大将之才。刘邦采纳萧何建议，择选吉日，斋戒，设坛场，拜韩信为大将。从此，刘邦文依萧何，武靠韩信，举兵东向，夺取天下。

□ 文苑拾萃

大风歌

（汉）刘邦

大风起兮云飞扬，

威加海内兮归故乡。

安得猛士兮守四方！

孟敏不看破甑

郭泰（128—169），"泰"或作"太"，字林宗，太原介休人。郭泰少时家贫，他向亲友借钱，长途跋涉到河南成皋屈伯彦处求学。求学期间，他常陷入衣衫褴褛、两日一餐的窘况。经过三年刻苦学习，掌握了丰富的知识，并"善谈论，美音制"。郭泰学成后，游学于京师洛阳。符融初见郭泰，就为他的仪表、学识所折服，当即把他介绍给学者李膺。李膺对郭泰亦大表惊叹，认为他是少见的聪明、高雅、博学之人。郭泰名重洛阳，被太学生推为领袖。第一次党锢事起，被士子誉为"八顾"之一，言能以德行导人。他虽好褒贬人物，然也不危言骇论，故不在禁锢之列。后闭门教授，弟子千人。

在《后汉书·郭泰传》中，有这样一个小故事："孟敏，字叔达，巨鹿杨氏人也，客居太原。荷甑行，甑堕地，敏不顾而去。林宗（即郭泰）见而问故，对曰：'甑已破矣，视之何益？'林宗以此异之，因劝令游学，十年而知名。三公争辟之，皆不赴。"

这段话的大意是：孟敏，字叔达，客居在太原。有一次他扛着瓦缸走路，瓦缸掉在地上，他连头都不回就走了。郭林宗见状，问他为什么不看，他回答说："瓦缸已经打破了，看又有什么用？"郭林宗觉得他很奇特，于是劝他读书学习，十年后孟敏名声远扬。三公重臣争相征召他，他都不去。

正因为孟敏既有对世事的通达，又有对名利的鄙弃，所以能够潜心治学，成为一代大家，无数后人都钦佩他的豁达之性。

■故事感悟

日常生活中，如果一件事情的结果已经非常明了，不可扭转，我们却还纠缠不放，就会白白地浪费时间和精力。我们应当学会在生活中避免徒劳，对于那些无法改变的结果不做无谓的努力。当然，这不是要我们轻易放弃努力，丢掉补救的机会，而要视具体情况而定，在舍与得之间做好选择。

■史海撷英

林宗巾

郭泰以其高雅、博识名重东汉京都洛阳，众儒生对他刮目相视。郭泰曾在河南陈、梁间闲走遇雨，头巾被淋湿，一角下垂。人们见他戴的头巾两角高低不一，也争相效仿。因郭泰字林宗，所以这种头巾的戴法又名"林宗巾"。

曹操烧信聚人心

　　刘秀（前5—57），东汉王朝开国皇帝。新朝末年，天下大乱。刘秀乘势起兵，在昆阳之战中大破王莽42万大军，王莽政权即刻崩溃。25年，刘秀与绿林军公开决裂，在河北鄗城的千秋亭登基称帝。刘秀所建立的王朝仍然沿用了其祖先刘邦的国号"汉"，史称东汉，刘秀是为光武帝。刘秀称帝之后，又经过了长达12年之久的统一战争，削平各个割据势力，统一了中国。

　　曹操（155—220），字孟德，小名阿瞒、吉利，沛国谯县（今安徽亳州）人，东汉末年杰出的政治家、军事家、文学家。其子曹丕建魏称帝后追封他为魏武帝，庙号太祖。在长期的战争中，曹操逐渐统一了北方。后在赤壁之战中被孙权、刘备打败，退回北方。曹操统一中国北方大部分区域后，实行了一系列恢复经济生产和社会秩序的政策，奠定了曹魏立国的基础。文学方面，在曹操父子的推动下形成了以"三曹"（曹操、曹丕、曹植）为代表的建安文学，史称"建安风骨"。他的诗以慷慨悲壮见称，在文学史上留下了光辉的一笔。

东汉光武帝刘秀胸怀宽广,善于笼络人心。他一生戎马,深习安抚之道,善用降将,"用人不疑,任人必专,信之必笃"。

王莽新朝更始二年(24年),一个本以卜相为业名叫王郎的人,冒称自己是汉成帝的儿子刘子舆,因而被西汉宗室刘林等立为汉帝,建都邯郸(今属河北)。这年五月,各路军马在刘秀的指挥下攻下邯郸,杀了王郎,并且缴获了王宫里的大批文书档案。这些文书中,有几千封各地官员和百姓给王郎的信,信中说了刘秀不少坏话,劝王郎早些消灭他。当时许多人都认为这回那些写信的人该倒霉了,写过信的人更是急得像热锅上的蚂蚁,只等着大祸临头。谁知刘秀连看也不看这些信,反而当着各路军马将领的面,把信全都烧了。

有些人对刘秀这样做感到很奇怪,刘秀却淡淡地一笑说:"过去的事何必再追究呢?让人家睡个安稳觉吧。"这件事传出去,那些原来反对过刘秀的人都对他既感激又佩服,更愿意为他效力了。

同样的故事在东汉末年又发生了一次,这次的主角是曹操。

200年10月,官渡之战结束,袁绍狼狈溃逃,尽弃图书车仗金帛。曹操的军队在清理战利品时,发现了一大捆信件,一个官员抱着这些信件匆匆来向曹操汇报:"这些信件是京城和我们军营中的一些人暗地里写给袁绍的。"曹操接过来看了看,这些信大都是吹捧袁绍的,有的还表示要离开曹营投奔袁绍。

曹操的亲信十分生气,向曹操建议说:"这还了得!应该把他们抓起来治罪。"

曹操微微一笑,说:"去把这些信统统烧掉。"

众人一听都愣了。有人轻声地问:"那就不查了?"

"不查了。请你们想想,当时袁绍的兵力比我们强那么多,连我都感到不能自保,何况大家呢?"

于是，根据曹操的命令，那些信全部被烧光了。过去那些暗通袁绍的人才放了心，他们惭愧不已，更加忠心于曹操。

曹操不愧为一代枭雄。他知道这时袁绍已经失去了与自己竞争的元气，如果他仍然按信点名杀人，虽解一时之恨，但实际受损失的还是自己，无异于自己割掉自己身上的一块肉。

■故事感悟

刘秀和曹操的做事方法如出一辙，所取得的效果都是得到了部下的衷心拥护。这两件事告诉我们，为人一定要心胸豁达，与人为善。要想安邦定国，要想成就一番大事业，就应该像他们二人那样善于团结曾经与自己意见不一致甚至是敌对的人。

■史海撷英

马援归服刘秀

公元29年，刘秀已在洛阳称帝，但当时天下并没有统一。公孙述占据成都称帝，隗嚣割据陇右。隗嚣同时收到刘秀和公孙述的招降信，犹豫不决，就派将军马援先后去成都和洛阳考察。

马援到成都，公孙述接见他时戒备森严；而他到了洛阳，刘秀却便衣便服单独接见马援。两人一见面，刘秀就笑着说："您游走于两个皇帝之间，见多识广。今天和您见面，我感到很惭愧。"

马援见刘秀如此平易谦和，立即下拜道："时逢乱世，不但君主选择臣下，臣下也在选择君主。我是远方来的人，陛下接见我却不设警卫，就不怕我是间谍刺客吗？"

刘秀笑着说："你不可能是刺客，只不过是个说客罢了。"

马援心悦诚服，回去后力劝隗嚣归顺刘秀，隗嚣不听建议，他就脱身自己归服了刘秀。

■文苑拾萃

蒿里行

（东汉）曹操

关东有义士，兴兵讨群凶。

初期会盟津，乃心在咸阳。

军合力不齐，踌躇而雁行。

势利使人争，嗣还自相戕。

淮南弟称号，刻玺于北方。

铠甲生虮虱，万姓以死亡。

白骨露於野，千里无鸡鸣。

生民百遗一，念之断人肠。

王勃处事达观

王勃（650—676），字子安，唐代诗人，绛州龙门（今山西河津）人，隋末大儒王通之孙，诗人王绩之侄孙。他16岁时科举中第，做过几任小官，后因事罢官。去交趾看望父亲，渡海溺水而死。王勃与杨炯、卢照邻、骆宾王齐名，合称"初唐四杰"。

《滕王阁序》全称《秋日登洪府滕王阁饯别序》，亦名《滕王阁诗序》，王勃作。在这篇著名的骈体文中，王勃先叙述了洪州的地理形势、壮观景色及宾主欢宴的场景，接着转入了对个人遭际命运的感慨和议论。他写道：

　　天高地迥，觉宇宙之无穷；兴尽悲来，识盈虚之有数。望长安于日下，目吴会于云间。地势极而南溟深，天柱高而北辰远。关山难越，谁悲失路之人；萍水相逢，尽是他乡之客。怀帝阍而不见，奉宣室以何年？

　　嗟乎！时运不齐，命途多舛，冯唐易老，李广难封。屈贾谊于长沙，非无圣主；窜梁鸿于海曲，岂乏明时？所赖君子见

机，达人知命。老当益壮，宁移白首之心？穷且益坚，不坠
青云之志。酌贪泉而觉爽，处涸辙以犹欢。北海虽赊，扶摇可
接；东隅已逝，桑榆非晚。孟尝高洁，空余报国之情；阮籍猖
狂，岂效穷途之哭！

勃，三尺微命，一介书生。无路请缨，等终军之弱冠；有
怀投笔，慕宗悫之长风。

这几段话的意思是说："天高地远，感到宇宙的无边无际；兴致已
尽，悲随之来，认识到事物的兴衰成败皆有定数。远望长安在夕阳下，
遥看吴越在云海间。地势偏远，南海深不可测；天柱高耸，北极星高高
悬挂。雄关高山难以越过，有谁同情不得志的人？在座的各位如浮萍在
水上相聚，都是客居异乡的人。思念皇城却看不见，等待皇帝召见又是
何年？

"唉！命运不顺利，路途多艰险。冯唐容易老，李广封侯难。把
贾谊贬到长沙，并非没有圣明的君主；让梁鸿到海边隐居，难道不是
在政治昌明的时代？所幸君子能察觉事物细微的先兆，通达事理的
人知道社会人事的规律。老了应当更有壮志，哪能在白发苍苍时改
变自己的心志？处境艰难反而更加坚强，不放弃远大崇高的志向。
喝了贪泉的水，仍然觉得心清气爽；处在干涸的车辙中，还能乐观
开朗。北海虽然遥远，乘着旋风仍可以到达；少年的时光虽然已经
消逝，珍惜将来的岁月还不算晚。孟尝品行高洁，却空有一腔报国
的热情；即使这样，我们难道就能效法阮籍狂放不羁，在无路可走
时便恸哭而返吗！

"我，地位低下，一个书生。虽然和汉代终军的年龄相同，却没有
请缨报国的机会；但我也像班超那样有投笔从戎的胸怀，也仰慕宗悫乘

风破浪的志愿。"

王勃作为初唐四杰之一，生于世代书香之家，饱读经书，16岁及第，成为最年轻的朝廷命官。后来，他因一篇关于"斗鸡"的游戏文章惹怒朝廷。后又因事获罪，惨遭流放，其父亦受累被贬为交趾令。王勃四处漂泊之余，欲探父暂避苦难，途经滕王阁，恰逢都督阎公宴会，当席写下了这篇著名的文章。全文寄情于山水，借滕王阁之兴衰而抒发了王勃怀才不遇、壮志难酬之感。但他并没有完全沉沦，仍不失豪情大气，抒发了"老当益壮，宁移白首之心？穷且益坚，不坠青云之志"的情怀。也正因为王勃有如此的志向，所以他才能在人生最失意之际，在众多名流儒士面前挥洒自如，挥毫泼墨，留下这篇千古美文。

■故事感悟

王勃少年得志，但仕途不顺。在人生处于低谷时，他有"关山难越，谁悲失路之人"的感慨，更有"穷且益坚，不坠青云之志"的情怀。他战胜了悲观的情绪，对前途仍然充满了信心。千余年之后，读他的文章，我们仍然能感受到他的勃勃英气和远大志向。

■史海撷英

滕王阁

现位于江西省南昌市西北部沿江路赣江东岸，它与湖北黄鹤楼、湖南岳阳楼并称为"江南三大名楼"。始建于唐永徽四年，为当时任洪州都督的唐高祖李渊之子李元婴所建。由于李元婴封号为"滕王"，故名滕王阁。二十多年后，当时的洪州都督阎公首次重修，竣工后，阎公聚集文人雅士作文记事，途经于此的王勃于此时写下了《滕王阁序》，令滕王阁名扬四海。一千多年来，滕王阁被多次重修，可见人们对它的重视。

□文苑拾萃

滕王阁诗

（唐）王勃

滕王高阁临江渚，佩玉鸣鸾罢歌舞。
画栋朝飞南浦云，珠帘暮卷西山雨。
闲云潭影日悠悠，物换星移几度秋。
阁中帝子今何在？槛外长江空自流。

李泌尽心佐王不争官

李泌（722—789），字长源，唐陕西京兆（今陕西西安市）人。历仕玄宗、肃宗、代宗、德宗四朝，德宗时，官至宰相，封邺县侯，世人称其"李邺侯"。他是南岳第一个钦赐的隐士。肃宗为他在南岳烟霞峰下兜率寺侧建房，名为"端居室"，后人称之为"邺侯书院"，是中国书院史上最古老的一所书院。他著有《养和篇》和《明心论》。"尤工于诗"，如《复明堂》《九鼎议》（一说二者为一篇）、《建宁王挽歌词》《八公诗》等，有文集二十卷。精于书法，至今福严寺侧石壁上，尚有石刻"极高明"三个大字，相传为李泌山中读书时手书，此处得名"高明台"。薨后赠太子太傅，其子李蘩（曾任随州刺史）在南岳庙左建南岳书院。

京兆人李泌年幼时以才思敏捷而著称，唐玄宗李隆基就让他和儿子李亨在一起学习和玩耍。李亨做太子时，李泌年岁已大。李隆基想授予他官职，被他拒绝。李隆基只好让他以平民的身份和李亨交往。李亨称他为"先生"。后来李泌回到家乡，做了隐士。

安史之乱后，李隆基逃往四川，李亨登基，是为唐肃宗。李亨当时境况很窘急，就派人去召李泌。李泌在灵武晋见李亨。李亨与李泌外出时并辔而行，睡觉时对榻而卧，仍然像做太子时那样，无论什么事，都向李泌请教，并且言听计从。李亨想任命李泌为右相，李泌坚决推辞。他对李亨说："陛下像对待朋友那样对待我，比任命我做宰相还要珍贵，何必违背我的意愿呢！"李亨这才作罢。

有一次，李亨和李泌外出行军，将士们看到后，用手指着他俩说："那个穿黄衣服的是当今圣上，那穿白衣服的是山中隐士。"

李亨听到后对李泌说："现在是战乱时期，先生应当暂时穿上紫袍，避免众人猜疑。"

李泌只好穿上紫袍，入宫谢恩时，李亨笑着说："先生既然身穿官服，哪能没有官职呢？"

说着就从怀里拿出敕书，任命李泌为侍谋军国、元帅府行军长史。李泌极力推辞。李亨劝他说："先生不要推辞了。朕不敢用宰相难为先生，只是让先生帮朕度过眼下的艰难。等叛乱平定后，朕一定满足先生归隐的志向。"

李泌只好接受李亨的任命。

李亨的儿子建宁王李倓性格豪爽果断，有雄才大略，他跟随唐肃宗李亨从马嵬驿北上时，鞍前马后，浴血奋战，功劳卓著。李亨想任命李倓为天下兵马元帅，让他统领各将领东征。李泌劝李亨说："建宁王确实有元帅之才。但广平王是兄长，如果让建宁王建功立业，那广平王就只能像周朝的吴太伯那样让位了。"

李亨说："广平王是嫡长子，将来他要继位的，何必把元帅的职务看得那么重呢？"

李泌却说："广平王虽然是嫡长子，但还没有册封为太子。现在天下大乱，人心所向都是军事首领。如果建宁王大功告成，即使陛下不想立他为太子，那些和他一起出生入死的人会答应吗？太宗和太上皇就是这样。"

李亨被说服了，他任命广平王李俶为天下兵马元帅，各位将领都由他指挥。李俶知道这件事后，感激地对李泌说："先生真知道我的心啊！"

过了一年，李亨又问李泌说："广平王做元帅已经一年多了，现在我想让建宁王专门负责平定叛乱，又怕大权分散，把广平王立为太子怎样？"

李泌回答说："我早说过，目前时局紧张，战事急迫，许多事情等待处理，至于确立太子这类家事，应当等待太上皇的命令。"

李泌出宫后，就把这件事告诉广平王李俶。李俶感激地说："先生深知我的心意，是想曲成其美。"

李俶马上入宫，对李亨说："陛下即位后，尚且无法孝敬太上皇，我怎敢当太子呢？我愿等待太上皇还宫。"

李亨听了很高兴，对李俶大加赞扬。

李亨也不是个英明之主，他宠信宦官李辅国和妃子张良娣。宦官李辅国外表恭顺谨慎，寡言少语，内心却阴险狡诈。唐肃宗李亨做太子时，就很喜欢他。他看到李亨的妃子张良娣受宠，便想方设法巴结她，和她内外勾结。他们俩都忌恨元帅府行军长史李泌。建宁王李俶发现后，对李泌说："先生在主上面前保举我，我无以报恩，只想替先生除掉大害。"

李泌奇怪地问："什么大害？"

李俶说："就是张妃和李辅国。"

李泌劝他说："这话不是臣子应该说的。希望大王暂时不要理他们。"

李俶不听，他多次在李亨面前告张、李二人的状，揭发他俩的罪恶。张、李二人就在李亨面前诬陷李倓说："建宁王因为没有做上元帅，心中怨恨，一心想谋害广平王。"

李亨听后非常生气，赐李倓自杀。

这件事发生后，李泌和广平王李俶都有些惶恐不安。李俶与李泌商量，打算先除掉张妃和李辅国。李泌不同意，他说："这事万万不行，大王没看到建宁王的下场吗？"

李俶说："我是替先生担忧。"

李泌劝慰他说："我与主上有约在先，收复京师以后，我就回山里隐居，这样或许可以免灾。"

李俶说："先生离开我，我就更危险了。"

李泌安慰他说："大王只管尽儿子的孝心。张良娣不过是一个妇女，大王如果能够委曲求全，顺从她的心意，她还能把大王怎样？"

李俶把李泌的话牢牢记在心里。

在李泌的辅佐下，李唐王朝逐渐转危为安。

■故事感悟

李泌帮助李亨解决内忧外患，最后他没有担任官职，而是隐居山中多年，并不时接受皇帝的咨询，被时人誉为"山中宰相"。由于他远离政治漩涡，所以能以通达的心态处理问题，并收到较好的效果。

■史海撷英

李泌四次归隐，五次离京

第一次发生在玄宗天宝年间，当时隐居嵩山的李泌上书玄宗，议论时政，受到玄宗的重视，"令待诏翰林，仍东宫供奉"。然而遭到杨国忠的嫉恨，说李泌曾写《感遇诗》讽刺朝政，结果李泌被送往蕲春郡（今湖北省蕲春县）安置，而李泌干脆脱离了官府。

第二次发生于肃宗至德末、乾元初。自从肃宗灵武即位时起，李泌就一直在肃宗身边，为平叛出谋划策，《旧唐书·李泌传》说他当时虽然没有身担要职，却"权逾宰相"。正是这种与皇上极为亲密的关系，招来了权臣李辅国的猜忌。收复京师后，为了躲避随时都可能发生的灾祸，也由于平叛大局已定，李泌便主动要求离开权力的中心，进衡山修道，"有诏给三品禄，赐隐士服，为治室庐"（《新唐书·李泌传》）。

第三次发生在代宗大历年间。代宗刚一即位，就马上把李泌从衡山召进京师，任命他为翰林学士，并强迫他吃肉，还为他娶妻。当时的权相元载认为李泌不肯依附自己，留在朝廷对自己是一个潜在的威胁，此时刚好江西观察使魏少游请朝廷为他派去一些僚佐，于是元载就称李泌有才，可担任要职，于是打着重用人才的名义把李泌赶出了朝廷。

第四次发生于代宗大历末。大历十二年（777），元载被诛，李泌又被召回，却再一次受到常衮的排斥，先让李泌到澧朗峡（今湖南省澧县）当团练使，不久，又调任杭州刺史。

第五次是建中四年（783），泾原兵变，德宗逃往奉天，身处危难的德宗又把李泌召到身边。这一次，李泌在朝廷也仅待了两年，至贞元元年（785），又被任命为陕虢观察使。贞元三年（787），李泌回到朝廷，当上了宰相（同中书门下平章事），封邺侯。贞元五年（789），李泌去世。

李泌四次被排挤出朝廷，又四次回到朝廷，且一次比一次更受重视，这在中国历史上是罕见的。屡蹶屡起的原因，主要得力于他恰当的处世方法和豁达的心态。每次被赶出朝廷，他都没有怨言，这是他没有受到进一步迫害、能够东山再起的根本保证。李泌先后五次入京为官，除前两次为主动入京外（第二次肃宗曾召李泌，他未接到诏书即起身赴京），后三次都是被召，这说明李已经达到了顺应外物、无我无己的境界。李泌还做到了儒家所提倡的"用之则行，舍之则藏"，"行"则建功立业，"藏"则修心养性，在朝与在山都过得十分充实，心情都很平静。李泌对待个人进退荣辱的平静心态，对今人也有启发意义。

□ 文苑拾萃

长歌行

（唐）李泌

天覆吾，地载吾，天地生吾有意无。
不然绝粒升天衢，不然鸣珂游帝都。
焉能不贵复不去，空作昂藏一丈夫。
一丈夫兮一丈夫，千生气志是良图。
请君看取百年事，业就扁舟泛五湖。

刘禹锡被贬心豪迈

刘禹锡（772—842），字梦得，汉族，洛阳（今河南洛阳）人，唐朝文学家、哲学家，出生于以儒学相传的书香之家。他曾任监察御史，后又几度遭贬，晚年回到洛阳，任太子宾客加检校礼部尚书。好与朋友交游赋诗，生活闲适。死后被追赠为户部尚书。其诗现存八百余首，其民歌反映民众生活和风土人情，题材广泛，风格上汲取巴蜀民歌含蓄婉转、朴素优美的特色，清新自然，健康活泼，充满生活情趣；其讽刺诗往往以寓言托物手法，抨击镇压永贞革新的权贵，涉及较广的社会现象。晚年所作，风格渐趋含蓄，讽刺而不露痕迹。词作亦存四十余首，具有民歌特色。

刘禹锡是唐代中晚期著名诗人，有"诗豪"之称。在政治上，他主张革新，是王叔文"永贞革新"活动的中心人物之一。永贞革新失败后被贬为朗州（今湖南常德）司马，但他并没有完全消沉，从他写的《秋词》一诗中我们可以看到他昂扬向上的精神风貌。

　　　　　　自古逢秋悲寂寥，我言秋日胜春朝。

晴空一鹤排云上，便引诗情到碧霄。

古往今来，那些失意的人士无不感叹前途的悲观和秋天的萧条、寂寥，而刘禹锡偏偏看到那振翅高举的鹤在秋日晴空中排云直上，矫健凌厉，奋发有为，大展宏图。正是这只鹤的顽强奋斗，冲破了秋天的肃杀氛围，使志士们精神为之抖擞。这只鹤是不屈志士的化身，奋斗精神的体现。

十年后刘禹锡被召还长安，游玄都观时他做了《元和十年自朗州至京戏赠看花诸君子》。

紫陌红尘拂面来，无人不道看花回。

玄都观里桃千树，尽是刘郎去后栽。

这首诗在京城很快就传开了，触怒了当时的宰相。他认为刘禹锡语含讥讽，心有怨愤，就再次贬谪他。刘禹锡又先后任连州、夔州、和州刺史。后来他再被召还，任嗣都郎中，又写了一首《再游玄都观》。

百亩庭中半是苔，桃花净尽菜花开。

种桃道士归何处，前度刘郎今又来。

屡次遭贬，却不改乐观之态，他的豁达精神确实非同常人。

唐敬宗宝历二年（826）岁暮，刘禹锡罢和州刺史，取道扬州返洛。白居易也因病免苏州刺史，经扬州归洛。于是，两位互相闻名已久的诗人得以在扬州见面。白居易于席上作《醉赠刘二十八使君》诗："为我引杯添酒饮，与君把箸击盘歌。诗称国手徒为尔，命压人头不奈何。举眼风光长寂寞，满朝官职独蹉跎。亦知合被才名折，二十三年折太多。"

刘禹锡作了《酬乐天扬州初逢席上见赠》一诗以表酬谢。

> 巴山楚水凄凉地，二十三年弃置身。
> 怀旧空吟闻笛赋，到乡翻似烂柯人。
> 沉舟侧畔千帆过，病树前头万木春。
> 今日听君歌一曲，暂凭杯酒长精神。

这首诗先写他贬官20多年的遭遇，故友凋零，人事全非，仿佛隔世。继而表白自己老病，而一辈辈新人正在兴盛时期。最后刘禹锡感谢白居易的诗给他的鼓舞，并以此共勉，刘、白两人从此结为诗友，成就了一段诗坛佳话。

全诗前两句"巴山楚水凄凉地，二十三年弃置身"，是对白居易赠诗的末句"亦知合被才名折，二十三年折太多"的回应，表示自己谪居在巴山楚水这样的荒凉之地，算来已有二十三年之久。两人一来一往，显出诗人与朋友之间推心置腹的亲密关系。

接着，诗人自然发出感慨："怀旧空吟闻笛赋，到乡翻似烂柯人。"上句用晋时向秀作《思旧赋》怀念嵇康的典故，借指回朝时，王叔文、韦执谊已被杀，柳宗元、凌准、韩泰、吕温等友人都已亡故。下句指再回来时恍若隔世，举目无亲。这两句寓沉痛于悠闲，表达情感很含蓄，用词也极优美。

白居易的赠诗中有"举眼风光长寂寞，满朝官职独蹉跎"两句，意思是说同辈的人都升迁了，只有你在荒凉的地方虚度年华，替刘禹锡打抱不平。对此，刘禹锡回答："沉舟侧畔千帆过，病树前头万木春"，以"沉舟""病树"比喻自己，固然感到惆怅，却又相当达观，对世事的变迁和仕宦的升沉表现出豁达的襟怀。他从白居易的诗中翻出这两句，反过来劝慰白居易不必为自己的寂寞、蹉跎而忧伤。后人赋予这句话以新意：事物总是在不断发展的，新事物必将取代旧事物。

正是"沉舟"一联，全诗突然振起，一变前面伤感低沉的情调。尾联便顺势而下，写道："今日听君歌一曲，暂凭杯酒长精神。"点明酬答白居易的题意。作者在朋友的热情关怀下，终于振作起来，重新投入到生活中去。诗情起伏跌宕，于沉郁中见豪放，是酬赠诗中的优秀之作。

□故事感悟

刘禹锡因参与政治改革半生遭贬，但他没有怨言，没有悲戚。我们感受到的是他豪迈的情怀、不屈的壮志和那种"吹尽狂沙始到金"的坚韧。他的"诗豪"之名，不仅在于他才情的非凡，更在于他气概的超脱豪迈。

□史海撷英

永贞革新

永贞革新是唐顺宗时官僚士大夫以打击宦官势力为主要目的的改革。因发生于永贞年间，故名。公元805年，唐顺宗李诵即位，他的东宫旧臣王叔文、王伾居翰林用事，引用韦执谊为宰相。他们与柳宗元、刘禹锡等人结成政治上的革新派，共谋打击宦官势力。朝廷宣布罢宫市和五坊小儿，停十九名宦官的俸钱，任朝臣范希朝为左右神策京西诸城镇节度使，韩泰为行军司马，以图逐步收夺宦官的兵权。此外，顺宗和革新派还罢免贪官京兆尹李实，蠲免苛杂，停止财政上的"进奉"。这些改革具有进步性，但引起以俱文珍为首的宦官集团及与之相勾结的节度使的强烈反对。俱文珍等人发动政变，幽禁顺宗，拥立太子李纯。王叔文被贬后赐死，王伾外贬后不久病死，柳宗元、刘禹锡、韩泰、陈谏、韩晔、凌准、程异及韦执谊八人均被贬为外州司马，史称"二王八司马"。改革历时一百余日，以失败而告终。

赵子岳甘做绿叶

赵子岳（1909—1997），当代著名电影演员，山西古县人。1932年肄业于杭州国立艺术专科学校，曾任中、小学音乐、美术教员。1937年起先后在安泽县牺牲救国同盟会工作团、中共太行区委会、太行山剧团、太行军区先锋剧团及军区京剧团工作，任团长等职。1949年任山西省剧协副主席，因在影片《吕梁英雄》中饰演农民康天成崭露头角，调入北京电影制片厂任演员，曾任演员剧团副团长、团长等职，拍摄了《新儿女英雄传》《红旗谱》《暴风骤雨》《锦上添花》《停战以后》《小二黑结婚》《生财有道》《迷人的乐队》《黄土坡的婆姨们》等四十余部影片。赵子岳以擅长扮演农民角色著称，擅长喜剧风格。除电影外，他还参加拍摄了《寻找回来的世界》等十余部电视剧，有口述作品《赵子岳传》存世。

深受我国人民喜爱的电影演员赵子岳，20世纪30年代初在石家庄当小学音乐教员。当时他迷上了电影，对一些红极一时的电影明星崇拜得五体投地，自己也日夜梦想当个电影演员。他给上海联华影业公司写了封信，情词恳切，希望能收录他做个电影演员。不久，他收到了一封

复信，怀着激动的心情拆开一看，原来是份油印的统一复信，表示婉言
谢绝。

随后，"七七事变"爆发，日本侵略军大举进犯，赵子岳觉得自己
已经不可能当电影演员了。他上了太行山，参加了游击队，后来又进入
部队文艺团体。在战事频繁的艰苦环境中，他努力琢磨和塑造各类人
物，开始真正爱上了表演艺术。全国解放后，一次偶然的机会他进入电
影界，开始了丰富多彩的银幕生涯。

赵子岳在银幕上创造了许多给观众留下深刻印象的角色，他还时时
想起联华影业公司那封曾深深地刺伤了他的谢绝信。但是，随着艺术成
就的与日俱增，他对这封信产生了一种感激之情，他感叹道："我那时
并不热爱表演艺术，只是羡慕电影明星能够红遍全国。如果那时就进入
联华公司，很难拍出一两部好片子来，多亏有了太行山上的艺术实践，
有了战争生活的切身体验，才使我能够比较顺利地塑造某些人物类型。"

■故事感悟

自己最美好的希望被击破，是任何人都难以接受的事情。但是，一
味地怨天尤人对自己的人生和事业没有丝毫帮助。只有脚踏实地努力，才
有可能取得成就。赵子岳的人生经历和感悟对我们很有启发，我们应该感
谢失败和挫折。正是它们，让我们的人生变得更加精彩。

■史海撷英

新中国第一部电影

于敏编剧、王滨导演的《桥》是新中国成立后拍摄的第一部电影故事
片，也是第一次在银幕上正面塑造中国工人阶级的崇高形象。剧情概况：

1947年冬，东北解放战争时期，松花江上的桥被炸毁，南北交通受阻，运输中断。修桥者面临着种种困难：时间紧，任务重，没有白云石，没有废钢材，钻床奇缺。工人们在党的领导下克服困难，建成了大桥。

■ 文苑拾萃

《红旗谱》

《红旗谱》的作者是梁斌，由中国青年出版社1957年出版。这部长篇小说通过在大革命失败前后十年革命斗争的历史背景下，冀中平原两家农民三代人和一家地主两代人的尖锐矛盾斗争，以"反割头税"和"二师学潮"为中心事件，生动地展示了当时农村和城市阶级斗争与革命运动的壮丽情景。

《红旗谱》成功地塑造了朱、严两家三代农民的英雄形象，特别是横跨两个时代的农民英雄朱老忠的形象，这是长篇小说中不多见的成功典型。整部作品凸显了浓郁的民族风格。

作品张显出"燕赵多慷慨悲歌之士"的民族传统精神，充满了浓厚地方色彩，该书称得上是一部反映北方农民革命运动的史诗式作品。

作品善于通过故事展示人物性格，并注意选择精彩的群众语言，通俗简练，自然流畅，叙事写景都具有强烈的地方色彩。

根据此书拍成同名电影，赵子岳在其中扮演李德才。

第二篇
淡名利以真修身

季札辞王位不受

季札（公元前576—前484），春秋时期吴国人，吴王寿梦少子。封于延陵，称延陵季子。季札是春秋时代的风云人物，曾与孔子并称"南季北孔"，他让国、观乐、挂剑等故事都传颂至今。

春秋时期，在位的吴王是寿梦，他有四个儿子，长子诸樊，次子余祭，三子夷昧，四子季札。季札号称延陵季子，是四子中最贤能的一个，他的三个哥哥也都这样认为。寿梦爱他为人贤良而又博学多才，有意让他继承王位。季札不想破坏嫡长子继承的宗法制度，坚决不肯接受。寿梦只得立长子诸樊为太子。寿梦死后，诸樊又秉承父志，请季札继承王位，季札坚辞，并跑到延陵（今江阴申港）避居起来，以耕作来维持生活。

于是，诸樊决定："季札最贤能，如能使他继承国王，吴国就可以兴旺起来了。今后兄死弟继。"为了能让季札名正言顺地继承王位，三位兄长每逢吃饭就祷告说："愿老天令我早死，使季札得承王位。"

诸樊在与楚国交战时中箭身亡，死前遗言将王位传于二弟余祭。余祭又请季札接位，季札仍然不肯接受。余祭死后，传位三弟夷昧，夷昧效法两位兄长，季札还是躲避起来。夷昧死后，季札正好出使在外，王位由夷昧之子僚继承。季札出使回来，对吴王僚就像对待原来的吴王一样尊重。诸樊长子光很不服气，说："根据我父亲的意见，王位应当属于季札叔，如果按照嫡长子的继承法，则我是嫡长子，也应当由我来继承，僚算什么呢！"他在伍子胥策划下派人刺杀了僚，自立为王，是为阖闾。

季札闻信回来给僚奔丧，阖闾假意让王。季札说："你杀了我的君主，我如果接受你的让位，就是我和你共同篡位了。你杀死你的兄长，如果我又杀死你，就是兄弟父子相杀，没完没了。只要祖先宗祀能够延续，吴国社稷能够保住，您为国君，我绝对不会有任何怨言。"说罢他去僚墓拜祭后，仍回到延陵，终身不再回国都。

季札的高风亮节，给延陵的民众带来深远的影响，这里曾出现路遗黄金无人捡拾的事。因而，江阴曾被人们称之为"仁让古邑"。

季札死后，葬于延陵。相传，孔子曾手书碑文"呜呼有吴延陵君子之墓"。文字为古篆，后人称之为十字碑。现碑已毁，拓本尚存。

晋明帝于太宁元年（323）为季子墓建立祠庙。季子庙墓受到历代人们的瞻仰。南北朝时，宋武帝刘裕又派人建造了御赞亭。清康熙帝南巡时，曾手书"让德光前"的匾额，悬于享殿。

■故事感悟

季札有德有才，深明大义，为了国家政权的稳定，不贪权势，辞王位而不受。在列国纷争、王室相残的时代里，他能做到五辞王位，受到了人们的赞扬。为了江山社稷他谦虚礼让，他的高风亮节给后人留下了宝贵的精神财富。

■史海撷英

吴太伯三让天下

《史记·吴太伯世家》记载了吴国初祖吴太伯三让天下的故事："吴太

伯，太伯弟仲雍，皆周太王之子，而王季历之兄出。季历贤，而有圣子昌，太王欲立季历以及昌，于是太伯、仲雍二人乃奔荆蛮，文身断发，示不可用，以避季历。季历果立，是为王季，而昌为文王。太伯之奔荆蛮，自号句吴。荆蛮义之，从而归之千余家，立为吴太伯。"

第一次让：按当时部落社会惯例，王位应传长子，太伯是当然的继位人。他觉得"季历贤"，父亲希望有贤能的子孙继承他的事业，自己就干脆避让，托词采药与仲雍奔吴。

第二次让：太伯到达江南后，父周太王去世。他与仲雍回去奔丧。季历和众臣求他接位，太伯坚决不从，料理完丧事后即返江南，王位由季历继承。

第三次让：季历立为王位后，整肃朝政，扩大领土，遭到商的嫉恨，被暗害致死。太伯又一次回岐山奔丧，群臣再次要他继位，他依然不从，办完丧事后立马返回，王位由"圣子昌"——姬昌继承。这位姬昌就是后来著名的周文王，灭掉了商王朝，建立了周朝。

孔子《论语》曰："泰伯（即太伯），其可谓至德也已矣。三以天下让，民无得而称焉。""民无得而称焉"是说：百姓都不知用什么话来称颂他们。

■文苑拾萃

季子庙

（宋）曹确

人间不记吴王事，江上今存季子宫。
坏壁乱飘青藓雨，破檐时荡白榆风。
衣冠何处埋春草，鸡酒长年任野翁。
下马一看思旧德，浮名应与暮云空。

闵子骞不慕物质享受

> 闵子骞（前536—前487），名损，字子骞，春秋时期鲁国人，孔子高徒，在孔门中以德行与颜回并称，为七十二贤人之一。他为人所称道，主要是他的孝。孔子称赞说："孝哉，闵子骞！人不间于其父母昆弟之言。"明朝编撰的《二十四孝图》，闵子骞排在第三，是中华民族文化史上的著名人物。

《韩诗外传》上记载了这样一个故事：闵子骞是孔子的学生，刚到孔子门下时，他面黄肌瘦，脸色苍白、黯淡，神情萎靡，没有给别人留下什么好印象。可是没过多长时间，再见到他时几乎认不出他了。只见他脸色红润，容光焕发，气宇轩昂，成了一个仪表堂堂的男子汉。

子贡很奇怪，问是什么缘故。闵子骞毫不保留地回答说："我出身贫贱，是个乡里人，刚到老师门下，老师教导我，在家要孝顺父母，在外要学好礼仪，我听了以后内心非常向往这种精神境界。但出门看见王公贵族装饰华丽的车子，威武严整的仪仗队，对他们的富豪生活又非常向往。这样，两种思想在内心斗争，心情一直很不平静，吃不好，睡不着，所以面黄肌瘦。现在经过老师高尚道德的熏陶，再加上兄长们的耐心帮助，我专注诗书，学习做人之道，懂得了应该追求什么，抛弃什么。现在我外出，再看见达官贵人装饰华丽的车子，威武严整的仪仗队，就如同看见粪土一样了。我心境平和，悟出了人生的快乐，再也没什么烦恼忧愁了，所以自然就容光焕发了。"

■故事感悟

闵子骞面对道义与享乐时内心的矛盾、痛苦，战胜享乐诱惑的过程，是一个在外力的帮助下通过自我修养、提高自我道德境界的过程。他面对考验时真实的内心感受，也是对我们有所裨益的宝贵经验。一旦战胜物质诱惑，明白去就之理，道义如同营养丰富的物质，滋养着人的身心，使人焕发出生命活力。他用亲身的体验阐明了不断战胜外在诱惑、提高自身道德境界的重要性。

■史海撷英

闵子骞感后母

闵子骞生母早亡，父亲娶了后妻，又生了两个儿子。继母经常虐待他，冬天，两个弟弟穿着用丝绵做的冬衣，却给他穿用芦花做的冬衣。一天，父亲出门，闵子骞牵车时因寒冷打战，将绳子掉落地上，遭到父亲的斥责和鞭打。芦花随着打破的衣缝飞了出来，父亲方知闵子骞受到虐待。父亲返回家，要休逐后妻。闵子骞跪求父亲饶恕继母，说："留下母亲只是我一个人受冷，休了母亲三个孩子都要挨冻。"父亲十分感动，就依了他。继母听说后，悔恨知错，从此待他如亲子。

读书佐酒

（元）陆友仁

苏子美豪放不羁，好饮酒。在外舅杜祁公家，每夕读书，以一斗为率。公深以为疑，使子弟密觇之。闻子美读《汉书·张良传》，至"良与客狙击秦皇帝，误中副车"，遽抚掌曰："惜乎，击之不中！"遂满饮一大白。又读，至"良曰：'始臣起下邳，与上会于留，此天以授陛下'"，又抚案曰："君臣相遇，其难如此！"复举一大白。公闻之，大笑曰："有如此下酒物，一斗不为多也。"

庄子不屑世俗

庄子（约公元前369—约前286），名周，字子休（一说子沐），战国时期宋国蒙（主流说法为今河南商丘东北）人，是道家学说的主要创始人，伟大的思想家、哲学家和文学家，与道家始祖老子并称为"老庄"。他们的哲学思想体系，被学术界尊为"老庄哲学"。代表作是《庄子》，道家尊称为《南华经》，名篇有《逍遥游》《齐物论》等。

庄子是战国时期道家学派的代表人物，也是当时的社会名流，但生活极为朴素。

有一次，他穿着一身打着补丁的粗布衣裳和一双用麻绳拴在脚上的草鞋去见魏王。魏王很奇怪地问："先生，您怎么这样狼狈？"庄周说："我只是穷，并不是狼狈。一个人的道德不行，才叫狼狈；而破衣草鞋，只是穷而已。我是生不逢时啊！"

庄周本可以不穷，但他不想混迹于那帮势利小人之中，不想依靠阿谀奉迎、为虎作伥来换取荣华富贵。

有一次，一位名曹商的人，因为替宋王去了一趟秦国，得到了一百辆车的犒赏。他得意扬扬地来找庄子，嘲笑道："我曹商缺的是像您一样在陋巷危房之中，困窘不堪，面有菜色；我擅长的是开悟君王，一下子就得到了一百辆车。您呢？"

庄子看了看这位昔日的学友今日的显贵，说："秦王有病，招医生来治，能使毒疮溃散的奖一辆车；愿意为他舔痔疮的，奖五辆。治的方法越卑下，得到的车就越多。你就是舔痔疮的那位吗？怎么得到这么多的车呢？赶紧出去，不要污染了我的房子！"

不久，楚王的使者拿了重礼来聘庄子为楚相。庄子正在濮水边钓鱼，但不是像姜太公那样垂而不钓，专等君王来请他。

听完了使者们一番苦口婆心的劝诱，庄子依然持竿凭钓，头也不回地说："我听说楚国有只神龟，死时已有三千多岁了，被盛在竹篮里，盖着麻巾，当作珍贵的物品安放在宗庙的大堂之上。你们说，这只龟是想死而留骨，为人珍藏呢？还是愿意活着，自由自在地在水中曳尾而游呢？"

"当然愿意在水里活着了。"使者们说。

"好，你们走吧！我宁愿在混水中生活一生，也不愿被名利尊荣所羁绊，损害生命。你们不要玷污我了，我以终身不仕为快乐。"

自甘贫穷，逍遥一生，是庄子对生存方式的郑重选择。

在《庄子·秋水》篇中有这样一个故事：惠子在梁国（魏国）当宰相，庄子去看望他。有人告诉惠子说："庄子到梁国来，想取代你做宰相。"于是惠子非常害怕，在国都搜捕三天三夜。庄子前去见他，说："南方有一种鸟，它的名字叫鹓鶵，你知道它吗？鹓鶵从南海起飞，飞到北海去，不是梧桐树不栖息，不是竹子的果实不吃，不是甜美的泉水不喝。在这时，一只猫头鹰拾到一只腐臭的老鼠，鹓鶵从它面前飞过，猫头鹰仰头看着它，发出"吓"的怒斥声。难道现在你想用你的梁国宰相来吓我吗？"

故事里，庄子用鹓雏比喻志向高洁之士，猫头鹰比喻醉心利禄、猜忌君子的小人。庄子将自己比作鹓雏，将惠子比作猫头鹰，把功名利禄比作腐鼠，既表明了自己鄙弃功名利禄的立场和志趣，又极其辛辣地讥讽了惠子。

■故事感悟

作为道家学派的代表人物，庄子追求师法自然，不违自然规律，完善心性，达到无功、无名、无己的境界。对于世俗的功名利禄，他不屑一顾，极为蔑视，达到了心性的自由洒脱。他对汲汲于富贵的人的尖酸讽刺入木三分，更显示了他的达者之性。

■史海撷英

庄子的思想

庄子的哲学观继承发扬了老子的思想，并形成了自己独特的哲学思想体系和独特的学风文风。他认为"道"是客观真实的存在，把"道"视为宇宙万物的本源。在政治上主张无为而治，对当时统治者的"仁义"和"法治"进行抨击，他对世俗社会的礼、法、权、势进行了尖锐的批判，提出了"圣人不死，大盗不止""窃钩者诛，窃国者为诸侯"的精辟见解。在人类生存方式上，他崇尚自然，主张返璞归真，提倡"天地与我并生，而万物与我为一"的精神境界。他认为，人生的最高境界是逍遥自得，是绝对的精神自由，而不是物质享受与虚伪的名誉。庄子这些思想和主张，对后世影响深远。

安定城楼

（唐）李商隐

迢递高城百尺楼，绿杨枝外尽汀洲。

贾生年少虚垂泪，王粲春来更远游。

永忆江湖归白发，欲回天地入扁舟。

不知腐鼠成滋味，猜意鹓雏竟未休。

刘子骥无意仕途

> 刘子骥（生卒年不详），约376年前后在世，名骥之，字子骥，南阳安众人。他的祖先是西汉宗室，被封为安众侯，后代遂定居于此。少尚质朴，虚退寡欲，好游山泽，志在隐遁。

陶渊明的名篇《桃花源记》结尾说，刘子骥想去桃花源却没有去成。桃花源是陶渊明虚构的一个美好境界，但文章中的刘子骥确有其人。

东晋时各种社会矛盾尖锐复杂，战乱频繁，民不聊生，再加上人才录用晋升全凭门第家世，因此像陶渊明这样有真才实学的人也是三次出仕，三次归隐。

刘子骥无意奔走仕途，他远离尘世，过着隐逸的生活。他为人高尚直率，擅长于史传，常隐居在阳岐。荆州刺史桓冲仰慕他的名气，想请他担任长史这一官职，就派人乘船去迎接他，并送他很多礼物。刘子骥接到聘书后，登上船，但对桓冲的礼物全不接受，沿路分送给穷人，到了桓冲所在的上明城，东西也送完了。见到桓冲后，刘子骥向他陈述自己没有什么用处，然后便辞别。

后来，桓冲又专程来到刘子骥的家里。刘子骥正在桑林中劳作，桓冲的部下前来报信，刘子骥一本正经地说："使君既枉驾光临，宜先诣家君。"桓冲非常惭愧，就去拜望刘子骥的父亲。其父派人去找刘子骥，他这才回来。刘子骥留桓冲在家吃饭，只用"浊酒蔬菜供宾"。桓冲在他家待到黄昏，刘子骥最终也没有答应出仕。难怪陶渊明说他是"高尚士也"。

刘子骥在阳岐居住多年，吃穿常与村里人共用，他遇到缺吃少穿时，村里人也热情地帮助他。因此，邻里们相处得很和睦。

■故事感悟

刘子骥"好游山泽"，在大自然中寻找精神寄托。他淳朴热心，与众乡邻相处得极为和睦。他将桓冲所赠财物分给众人的做法更显示了他率真、洒脱的个性。他不以名利为念，鄙视官场的腐败，有义无反顾的情操，真可谓"高尚士也"。

■史海撷英

桓冲之德

据《晋书》记载，桓冲本性俭朴，为人谦虚，并且喜爱有才华的人。有一次他洗过澡后，妻子给他送来一套新衣服，桓冲大怒，让妻子赶紧拿走。他妻子走后又回来，还是拿着那一套衣服并说道："新的衣服不经常穿，哪能变成旧衣服？"桓冲笑了，才穿上了这套新衣服。

王羲之豁达坦率

王羲之（303—361），字逸少，琅琊临沂（今山东临沂）人，后居会稽山阴（今浙江绍兴）。曾为征西将军庾亮参军，累迁长史、宁远将军、江州刺史，官至右军将军、会稽内史，世称"王右军""王会稽"。后因与太原王述不和，称病去职，归隐会稽，自适而终。

王羲之有"书圣"之称，其楷、行、草、隶、八分、飞白、章草俱入神妙之境，成为后世崇拜的名家和学习的楷模。他的书法作品很丰富，除《兰亭集序》外，著名的尚有《官奴帖》《十七帖》《二谢帖》《奉橘帖》《姨母帖》《快雪时晴帖》《乐毅论》《黄庭经》等。其书法主要特点是平和自然，笔势委婉含蓄，遒美健秀，后人评曰"飘若游云，矫若惊蛇"，这是极高的评价。

王羲之出身于世家大族，为人坦率，不拘小节，从小就不慕荣利。《世说新语》里载有王羲之"坦腹东床"的故事。

当时，人们的婚姻讲究门第等级，门当户对。大士族郗鉴欲与王氏家族联姻，就派了门生到王家去择婿。王导让来人到东厢下逐一观察他的子侄。门生回去后对郗鉴汇报说："王氏的诸少年都不错。他们听说来人是郗家派来选女婿的，都一个个神态矜持。只有一个人在东床上袒胸露腹地吃东西，好像不知道有这回事一样。"郗鉴听了，说："这就是我要找的佳婿。"后来一打听，知道袒腹而食的人是王羲之，就把女儿嫁给了他。

从这则逸事上看，王羲之从小就具有旷达的性格，很少为一些小事戚戚于心。也许这就是他的书法雄浑开阔，具有自由气象、潇洒神态的原因之一吧。正因为这个典故，后来人们就把"东床坦腹""东床"作为女婿的美称，或称呼他人的女婿叫"令坦"。

王羲之因为少有美名，朝廷公卿都喜爱他的才干，屡次征召他为侍中、吏部尚书等职，他都坚持不受。他不喜欢当官，而是喜欢清静。但是，当他不得已而任官时，他又决不敷衍了事。他任职期间曾对大臣谢安和殷浩等人发表过重要而切实的意见，他还对饥民开仓赈济。这些都说明他不慕荣利、为人正直的品格。

王羲之一生最好的书法作品首推《兰亭集序》，这是他中年时期的作品。当时的风俗，每年阴历三月初三，人们必须去河边游玩，以消除不祥，叫做"修禊"。永和九年（353）的三月初三，王羲之和谢安、孙绰等名士共41位，到兰亭的河边修禊。大家一边喝酒，一边作诗。

大家把诗集中起来，合成一本《兰亭集》，公推王羲之作一篇序文。此时的王羲之已有醉意，他趁着酒意，拿起鼠须笔，在蚕茧纸上挥洒而成。这篇序文，就是后来名传千古的《兰亭集序》。此帖28行，324字，记述了当时文人雅集的情景。王羲之因当时兴致高涨，写得十分得意，当他酒醒后再写，怎么也没有当时写得好了。这幅作品中有20多个"之"字，写法各不相同。宋代米芾称之为"天下第一行书"。传说唐太宗李世民对《兰亭集序》十分珍爱，死时将其殉葬昭陵，留下来的只是别人的摹本。

王羲之在政治上不得志，决心辞官退隐。穆帝永和十一年（355）三月初九，王羲之在父母墓地向双亲亡灵陈词告誓，他将离开官场，绝禄退隐。

王羲之辞官后神逸心旷，从容不迫，纵情山水，并效法"池水尽墨"的张芝，刻苦练书。他热爱大自然，从大自然中汲取营养，外师造化，中得心源，使他的书法艺术达到了炉火纯青的地步。

■故事感悟

王羲之与东晋时期的许多名士一样，追求身心的自由。他的书法创作一如他的为人，自由洒脱，别有风韵。他出身豪门大族，却自愿辞官归隐，放弃名利，在自然山水和艺术创作中修养身心，完善人格，此举尽显魏晋名士风采。

■史海撷英

书成换白鹅

王羲之认为养鹅不仅可以陶冶情操，还能从鹅的某些体态姿势上领悟到书法执笔、运笔的道理。

在山阴地方有一位道士，很想求王羲之给他写一本《黄庭经》。他早已把帛纸准备好，只是担心王羲之不肯答应。后来他了解到王羲之平素最喜欢鹅，就特地养了一群十分逗人喜爱的白鹅，以便见机而动。

有一天，王羲之坐船路过那里，看见河里游着一群白鹅，两掌拨水，昂首前进，羽毛白净，形态优美，心里有说不出的喜爱。他停船看了又看，舍不得离开，要求道士把鹅卖给他。这时道士故作姿态地说："这么好的鹅是不卖的。不过你若能给我写一本经书来换，倒可以商量。"王羲之求鹅心切，欣然答应了，为他写了这部经书。这就是"王羲之书成换白鹅"的故事。

□文苑拾萃

兰亭集序

（东晋）王羲之

永和九年，岁在癸丑，暮春之初，会于会稽山阴之兰亭，修禊事也。群贤毕至，少长咸集。此地有崇山峻岭，茂林修竹；又有清流激湍，映带左右，引以为流觞曲水，列坐其次。虽无丝竹管弦之盛，一觞一咏，亦足以畅叙幽情。

是日也，天朗气清，惠风和畅，仰观宇宙之大，俯察品类之盛，所以游目骋怀，足以极视听之娱，信可乐也。

夫人之相与，俯仰一世，或取诸怀抱，悟言一室之内；或因寄所托，放浪形骸之外。虽趣舍万殊，静躁不同，当其欣于所遇，暂得于己，快然自足，不知老之将至。及其所之既倦，情随事迁，感慨系之矣。向之所欣，俯仰之间，已为陈迹，犹不能不以之兴怀。况修短随化，终期于尽！古人云："死生亦大矣。"岂不痛哉！

每览昔人兴感之由，若合一契，未尝不临文嗟悼，不能喻之于怀。固知一死生为虚诞，齐彭殇为妄作。后之视今，亦犹今之视昔。悲夫！故列叙时人，录其所述，虽世殊事异，所以兴怀，其致一也。后之览者，亦将有感于斯文。

王通治学辞官

王通（584—617），字仲淹，隋代绛州龙门（今山西河津）人，私人教育家，死后弟子尊其为“文中子”。

王通在政治上以恢复王道政治为目标，倡导实行“仁政”，主张“三教合一”，基本上是符合时代潮流的，有进步性；在哲学上，王通致力于探究“天人之事”，围绕“天人”关系这个核心，阐述了他关于自然观、发展观、认识论和历史观等方面的观点，表现了朴素唯物主义的倾向和主变思想；在文学上，王通论文主理，论诗主政教之用，论文辞主约、达、典、则，主张改革文风。这些都有一定的进步意义。

王通是隋代名士。王氏家学渊源深厚，王通从小受到儒学的熏染。《中说·立命篇》有“夫子十五为人师”的记载，可见王通少年时即精通儒学，学问极好。

隋文帝仁寿三年（603），王通考中秀才后“西游长安，见隋文帝，奏太平十二策，尊王道，推霸略，稽今验古”，深得文帝赞赏，但下议公卿时却被冷落排挤。于是，王通作《东征之歌》，抒发了怀才不遇的心情。后因同乡薛道衡的推荐，王通才被授以蜀郡司户书佐、蜀王侍郎。但他无意于仕途，不久就"弃官归，以著书讲学为业"。

王通归乡后潜心钻研孔子的"六经"，据说他曾经受书于东海李育，学诗于会稽夏典，问礼于河东关子明，正乐于北平霍汲，考易于族父仲华。王通模仿孔子，作《王氏六经》，或称《续六经》。该书完成后，王通名声大噪，求学者自远而至，盛况空前，有"河汾门下"之称。不仅及门弟子多达千余人，他还结交了许多名流，其中学生薛收、温彦博、杜淹等，友人房玄龄、魏征、王珪、杜如晦、李靖、陈叔达等均为隋唐之时历史舞台上的重要角色。

当时，朝廷重臣杨素听说王通的才华后，非常看重他，劝他出来当官。王通说："我不愿意当官。我的祖先留下的破草屋足以遮风挡雨，几亩薄田打下的粮食足够喝粥充饥。读读书，和弟子们议论议论治国之道，我自己感到很快乐。希望你能刚直、公正地治理国家，使天下太平祥和，丰衣足食，我也可以得到很多恩惠呀。"

■故事感悟

王通当初弃官是因为怀才不遇，但当他严谨治学、声名远播时，他仍然拒绝了朝廷重臣的引荐。他的表白表现了恬淡自足、安贫乐道的情怀和忧国忧民、渴求天下太平祥和、丰衣足食的企盼。

■史海撷英

开皇之治

隋文帝杨坚即位后，采取了一系列较好的措施，加强中央集权，改革中央官制，改地方州郡县三级制为州县二级制，轻徭薄赋，减轻人民负担，促进农业生产，倡导节俭，并设置谷仓储存粮食。经过多年努力，社会富庶，人民安居乐业，政治安定，史称"开皇之治"。

王绂作画凭自然

王绂（1362—1416），字孟端，号友石生，别号鳌里、九龙山人，无锡人。永乐元年（1403），王绂因善书被举荐进京，供事文渊阁，参与编纂《永乐大典》。永乐十年（1412），他50岁时拜中书舍人，派往北京，从事迁都的筹备工作。后来两次随明成祖北巡，做著名的《燕京八景图》。

诗画流传于世的有《王舍人诗集》《友石山房集》《潇湘秋意图》《江山渔乐图》《秋林隐居图》《竹鹤双清图》《墨竹图》《卢沟晓月图》《燕京八景图》《枯木竹石图》等。永乐十四年（1416）二月六日病逝于北京馆舍，终年54岁。

王绂是元末明初的著名画家、学者。他幼年聪颖好学，10岁能作诗，15岁游学邑庠为弟子员，与著名诗人钱仲益、浦长源等常唱和。他还很喜欢绘画。

明洪武十一年（1378），朱元璋征召赋闲在家的读书人，授以博士弟子员，王绂也被举荐进京。但他素性高傲，不慕名利，进京不久就回乡隐居。

洪武十三年（1380），朱元璋诛戮左相胡惟庸。十年后，又以胡的逆党的罪名兴起大狱。王绂虽不过问政治，但也被牵连，被发放到山西大同充当戍卒十余年。建文二年（1400），王绂回乡，隐居九龙山（即惠山），自称为九龙山人，赋诗作画，教授弟子。

　　王绂擅长山水画，尤精枯木竹石，师法吴镇、王蒙等元代大家。他的山水画兼有王蒙郁苍的风格和倪瓒旷远的意境，对吴门画派的山水画有一定影响。他画竹兼收北宋以来各名家特别是倪瓒、柯九思二人之长，经过长期的揣摩，形成独特风格，飘逸雄秀，纵横洒落。人称他的墨竹是"明朝第一"。他性格孤高自恃，不肯轻易作山水画，故后人有"舍人风度冠时流，笔底江山不易求"的诗句，因而传世作品不多。

　　王绂作画不肯轻易下笔，但在游览之时，饮酒到了兴头上就会握着画笔在长廊的粉壁上尽情挥洒。遇有用金钱来购买他字画的人，往往拂袖而起拒绝，或者闭门不接纳，即使是富豪和地位尊贵的人也不顾忌。有人劝说王绂不要这样，王绂回答："大丈夫应该清楚自己所处理的事情，不重要的事情都像你说的这样不加拒绝，重要的事情将怎样处理呢？"他住在京城时，一天晚上在月色之下听到有人吹箫，就乘兴画了一幅《石竹图》。第二天早晨，寻访到吹箫之人，把画赠给了他。那人是个商人，用红色的毯子作为赠物，请求再画一枝竹子配成双幅，王绂却要回先前的赠画撕碎了它，退还了商人馈赠的礼物。

　　一天，黔国公沐晟从后面喊王绂的名字，王绂没有应答。有人告诉他说："喊你的人是黔国公。"王绂回答："我不是没有听到他的喊声，这一定是他向我索画罢了。"沐晟跑过来赶上了王绂，果然是来请求王绂作画，王绂对他点点头而已。过了几年，沐晟又来信催促，王绂才为他作画。但是说:"我的画直接送给黔国公不好。黔国公的宾客平仲微,是我的朋友,因为朋友的关系把画送给平仲微,黔国公去向他要就行了。"他就是这样清高耿直,不随俗流。

■故事感悟

王绂尊重艺术,不轻易作画。当创作激情来时便尽情挥洒,这说明他只把绘画当作抒发个人感情、陶冶自己身心的途径,而绝不将绘画当作牟利的职业,不管对方是什么身份。王绂的做事方式表现了他对艺术的热爱和清高孤介的品性。

■史海撷英

永乐大典

《永乐大典》初名《文献大成》,是中国古代最大的百科全书,中华民族珍贵的文化遗产。明永乐元年(1403)七月,明成祖朱棣命解缙、姚广孝、王景、邹辑等人纂修大型类书,永乐二年(1404)十一月编成。全书正文22877卷,凡例和目录60卷,装成11095册,总字数约3.7亿字。书内收录古代重要典籍八千种之多,上至先秦,下达明初,收录内容包括经、史、子、集、释庄、道经、戏剧、平话、工技、农艺、医卜、文学等。这在当时真可说是"包括宇宙之广大,统会古今之异同"。书中对宋元以前的佚文秘典,多得以保存流传。所辑录书籍,一字不易,悉照原著整部、整篇或整段分别编入,均未删改,这就更提高了保存资料的文献价值。全书体例"用韵以统字,用字以系事",检索非常方便。

《永乐大典》在后代常遭浩劫,大多亡于战火,今存不到800卷。

□ 文苑拾萃

燕京八景

古燕国曾定都在北京地区，所以北京又称燕京。金代对北京周边的景色做总结，形成了"燕山八景"或"燕台八景"，此后，文人骚客纷纷题辞赋诗，遂使"八景"之说更加名声响亮，广为流传。实际上，许多景色现已不存在。

1. 太液秋风

今中南海（原名太液池）东岸万善门旁，有一水埠，水中有亭名为"水云榭"，榭中立景名牌。《燕京八景图》中记述说："……天气晴明，日月晃漾而波澜涟漪清澈可爱，故曰太液晴波。"乾隆诗中有"秋到农居爽籁生，玉湖澄碧画桥横"之句，故称太液秋风。

2. 琼岛春荫

现北海公园白塔山前沿湖一带景色，以春天最有特色。乾隆钦定该景石碑原在今北海白塔山西坡悦心门前。乾隆五十一年（1786）迁到白塔山东侧现址。

3. 玉泉趵突

玉泉山在万寿山之西。金章宗于山麓建泉水院。玉泉山有三个石洞，一个在山西南，下面有泉，深浅莫测；一个在山南，泉水流出"鸣若杂佩，色如素练"；一个在山根，有泉涌出，其味甘冽，门刻"玉泉"二字。

4. 西山晴雪

西山是指北京西郊连绵山脉的总称，是太行山的一支余脉。所说的雪景泛指此一带。香山是这一带典型的山峰，故乾隆皇帝把"西山晴雪"碑立在香山山腰。

5. 蓟门烟树

"蓟门烟树"碑，立在德胜门外五里的土城边。因古燕国都城名"蓟"，故此处被称作蓟门。这里历史上曾有"烟树"的景观。

6. 居庸叠翠

古时居庸关范围包括全部关沟峡谷。下端沟口称下口或夏口，也称南口。关沟曲折而上，经居庸关、上关，直达北口八达岭。北沟是北京北部燕山山脉的缺口，山谷中峰峦叠嶂，林木葱郁，山花烂漫，层林尽染，山水明媚，景致非凡，"居庸叠翠"碑在此谷中部的叠翠山上。

7. 金台夕照

金台，即黄金台。原指公元前三世纪，燕昭王为礼贤下士所置之土台，上面放着千金，聘请天下名士。目前有金台七八处。乾隆皇帝曾把石碑立在朝阳门外，原苗家地教场东边半里的土丘上。1935 年出版的《旧都文物略》中，还能见到石碑倒卧的照片。现在已无任何遗迹了。

8. 卢沟晓月

卢沟即永定河，是古来交通要津。金世宗于 1189 年下令建桥，明昌三年（1192）落成，命名广利桥，后改名为卢沟桥。桥如长虹，11 个拱券门，4 个华表，望柱上雕有大小石狮 485 个。桥长 266 米，宽 9 米。古时交通不太方便，京城距此约是半天的路程。送别京门，打尖住宿，来日早行。鸡鸣上路，尚见明月当空，大地似银，"卢沟桥上月如霜"。于是"晓月"意境名传遐迩。

陶宗仪拒不出仕

陶宗仪（1329—约1412），字九成，号南村，浙江黄岩人，我国历史上著名的史学家、文学家。著作除《辍耕录》外，有搜集金石碑刻、研究书法理论与历史的《书史会要》9卷，汇集汉魏至宋元时期名家作品617篇；编纂《说郛》100卷，为私家编集大型丛书较重要的一种。还著《南村诗集》4卷、《四书备遗》2卷，以及《古唐类苑》《草莽私乘》《游志续编》《古刻丛抄》《元氏掖庭记》《金丹密语》《沧浪棹歌》《国风尊经》《淳化帖考》等作品。

陶宗仪是元末明初的著名学者，家境较好，少年时的陶宗仪十分聪颖，已熟读四书五经。

元至正八年（1348）三月，20岁的陶宗仪去考进士，因为议论政事而落第。八月，被朱元璋称为"乱元第一人"的方国珍在路桥起义，元江浙参政发兵征讨。陶宗仪为避兵祸，随父到杭州、上海一带游学，向名儒张翥、李孝先、杜本等人学习经文诗词，接着入赘到了松江都漕运粮万户费雄家，与妻子费元珍在松江（今属上海市）泗泾南村买地筑草堂，开学馆教授弟子，课余垦田躬耕，过着"四时有耕钓蚕收之营，晨夕有读书谈道之乐"的田园生活。他从此不思科举，专心读书授徒，各类古书无所不窥，天文地理、阴阳算术无所不学。

元朝的浙东道宣慰使都元帅泰不华、南台御史丑闾曾先后推荐他做行人、校官，都被他谢绝。割据苏州的张士诚也曾邀请他出来襄助军机，他也没接受。

朱元璋统一政权后，洪武四年（1371）与六年（1373），朝廷两次下诏征用儒士，知府两次举荐陶宗仪，他均以自己生病为由推辞掉了。他说："为巢父，为许由，为严子陵，击壤而歌，以为太平之草民，不亦可乎？"明朝"开国文臣之首"宋濂十分赞赏他的学问人格，史书也称赞他"立身之洁，始终弗渝，真天下节义之士"。

后来，有司再三邀聘陶宗仪为教官，他勉强赴任，不久仍回松江。洪武二十九年（1396）三月，他率诸学生赴南京礼部，学生考中甚多，朱元璋赐钱钞于陶宗仪。

陶宗仪在写给当时文学家杨维桢的《次韵答杨廉夫先生》诗中描写了他的生活状况。

移家正在小斜川，新买黄牛学种田。
秦赋不骑沙苑马，怀归长梦浙江船。
窗浮爽气青山近，书染凉阴绿树圆。
乐岁未教瓶有粟，全资芋粟应宾筵。

这首诗描绘了田园风光的秀丽，洋溢着耕读生活的喜悦之情，也如实地表达了陶宗仪清贫的状况，叙述了青黄不接时暂时以芋粟充饥的简朴生活。后来有位画家还把他们的新居、家人、纺车、石碾、农具以及猫狗、鸭等一一绘入画幅，画成了《南村图》。

■故事感悟

陶宗仪拒绝出任高官，农民起义政权及明王朝的多次征召，拒不出仕，只以耕田、教书、读书、著述为乐，体现了不慕名利、清高自守、一心治学的品德。正因为他有如此淡泊的品性，又勤奋不辍，所以才有了《辍耕录》等几十部著作的问世，为后人留下了宝贵的文化和精神财富。

■史海撷英

方国珍起义

方国珍（1319—1374），浙江黄岩（今台州市）人。《明史·方国珍传》载：方国珍"长身黑面，体白如瓠，力逐奔马，世以贩盐浮海为业"。元至正八年（1348）十月，方国珍在台州率众起义，先后攻占台州、温州、庆元（今宁波）。至正十五年（1355）攻占昌国州（今舟山市），时有义军20余万人，战船13000余艘，成为威慑元朝的强大力量。

方国珍把舟山作为重镇，亲自镇守。在舟山实行"保境安民"政策，鼓励百姓发展生产。方国珍义军驻舟山达12年之久，在这期间，舟山渔盐业有较大发展，船舶修造业更加兴旺。

元至正二十七年（1367）冬，朱元璋部攻庆元，守将徐善开城出降，方国珍急回舟山部署抗战。朱元璋命汤和、吴桢率大军穷追，方国珍折大将两员，失战船25艘。方国珍不忍百姓遭战争之苦，愿呈降表。

方国珍"保境安民"，使百姓得到实惠。当他离开舟山时，上千人阻道，求他留在舟山。明太祖朱元璋为此感动，据《明史纪事本末》载："太祖叹曰：'方氏未必无人，我何必苛求？'""太祖厚遇国珍，赐第京师，宴功臣次。未几，授广西行省左丞，奉朝请。"

杨鼎不攀富贵

杨鼎（1408—1485），少年家贫，好学上进，每日手不释卷。宣德十年（1435）参加乡试，得中第一名。正统四年（1439），杨鼎先是会试夺魁为会元，继而殿试又得中榜眼，授翰林编修。成化十五年（1479），有人弹劾他"非经国之才"。于是，杨鼎一再上疏请求归乡，得到宪宗的批准，于当年十二月致仕。杨鼎居家，冠婚祠祀皆遵古礼，其家法为当地缙绅所推崇。又建造"静善书院"，聘请名师为本乡子弟教书。遇到灾年，他捐出所有积蓄，以救济亲旧。著有《助费稿》20卷。

杨鼎曾在明正统至成化年间任兵部尚书。早年间他在乡试中获第一名后，去南京国子监学习。

他从湖广老家来到南京，刻苦攻读。当时国子监的负责人陈敬宗考察了他的学问与品行后，对他很是赞佩，感慨地说："杨鼎一个人闭门读书，品行端正，能忍受常人所不能忍之苦，说他像颜渊那样'一箪食，一瓢饮'也不算过分啊！"

当时有位任知府的官员得知杨鼎的情况后，想把自己的女儿嫁给他，杨鼎推说没有告知父母，加以拒绝。这个知府就托杨鼎的同乡、兵部尚书徐琦去和陈敬宗说："杨鼎的家里很清贫，而这位知府大人家很富，杨鼎父母知道后，对这门亲事肯定会满意的。"陈敬宗就去劝杨鼎，让他接受这门婚事。杨鼎说："孔子弟子原宪，蓬户褐衣蔬食，而他自己不减其乐。这样的人生活虽贫穷，但在精神和道德上是富有的。猗顿经营畜牧、盐业，十年之间成为富商，这样的人虽富，却缺少道德。我怎么敢贪求富贵呢？"听了这番话，陈敬宗更敬佩杨鼎的节操了。

□故事感悟

杨鼎在艰苦的生活中能以古代贤人为榜样，不求金钱，不攀附富贵，勤奋读书，只求学问之精进、品德之修养，实在是难能可贵。

□史海撷英

杨鼎"十思"

杨鼎在任户部侍郎时，恐怕自己不能胜任此职，特书"十思"于座位一边，用以时时提醒自己。这"十思"一直被儒者奉为至理名言。

"十思"的内容是：气量要思宽宏，受到冒犯要思忍耐，辛劳之事要思先行，功劳要思谦让，就座要思在下首，行走要思在别人之后，扬名要思收敛锋芒，禄位要思不厌卑下，守节要思有始终，退职要思以早为好。

《论语》（一则）

子曰："一箪食，一瓢饮，在陋巷，人不堪其忧，回也不改其乐。贤哉，回也！"

译文：孔子说："颜回吃的是一小筐饭，喝的是一瓢水，住在穷陋的小房中，别人都受不了这种贫苦，颜回却仍然不改变向道的乐趣。贤德啊，颜回！"

李颙力拒康熙邀

李颙（1627—1705），明末清初人，字中孚，号二曲，又号土室病夫，陕西盩厔（今周至）二曲镇二曲堡人。幼时家贫但好学，挖菜拾柴的空闲也手不释卷。1673年主讲于关中书院，又在雁塔、富平等地讲学，力主讲学自由，认为"立人达人，全在讲学；移风易俗，全在讲学；拨乱反正，全在讲学；旋乾转坤，全在讲学"。对于学问，他主张各取所长，重视实学，反对空谈，提倡明体适用。由于他在理学上的造诣，被称为"海内大儒"。

李颙是明清之际的哲学家。他年少时家里贫穷，没有老师教授，但仍然自学经史诸子以及佛、道之书。他曾在江南讲学，门徒甚多，后主讲关中书院。

清朝建立以后，康熙帝为了笼络汉族知识分子，即位后颁诏天下，命有司举荐才品优长但又不愿出来为官的明朝遗老，以便重用，使他们为国效力。

陕西总督鄂善举荐了李颙，而李颙自称废疾，长卧不起。他连续八次上书，对聘请坚决不受，让康熙碰了个不大不小的硬钉子。尽管如此，鄂善等官员们仍然按照康熙的旨意，不断地去看望李颙，以便见他病好之后即催促入京。康熙深感能把李颙这样德高望重、学识渊博、深孚众望的前朝知识分子争取过来，对帮助他治理天下、安定社会、繁荣文化等有着非同寻常的意义，于是努力争取，耐心等待，并不为一时的失败而气馁。

康熙十七年（1678），在恢复科举和捐纳制度、培植汉族青年知识分子的同时，康熙还特为有潜在反清情绪的学界大儒开设博学鸿词科。康熙对不肯屈服的明朝旧臣并不灰心，不管来京与否都给予关心。由于一心想赢得李颙的合作，康熙让陕西的大吏们天天催，以至于后来省里官员见李颙依然固称疾病，就把他从家里一直抬到西安，陕西督抚大员亲自到床前劝他进京，李颙为此竟然绝食六天，水浆不进，还趁人不备取佩刀自刺，以死相拒。督抚赶快如实奏报康熙。康熙得知李颙如此刚烈，并不生气，但吩咐大臣不要再逼他。

康熙四十二年（1703），康熙西巡到了西安，依然没有忘记李颙，让地方督抚转达自己尊崇当代大儒，并打算亲自去拜访之意。李颙心里明白，这是康熙让他出山替清朝做事的最后手段，于是仍称有病婉拒，没想到康熙说，接不接驾没有关系，并且真的来到李颙家乡的县城，捎信说要亲自到李颙家探望病情。李颙十分为难，竟大哭道："我虽活着，其实和死差不多了呀！"他让儿子带着自己写的《四书反身录》等几本书去见康熙。

有政治头脑的康熙见到李颙之子，为不使他为难，也就不再勉强去看他了。他勉励其子说："尔父读书守志，可谓完节。朕有意题'操志高洁'匾额并手书诗帖以旌尔父之志。"并谕示鄂善："处士李颙，人好读书，明理学。屡征不出，朕甚喜之。"然后嘱咐要他们妥善照顾李颙，说自己因为是皇帝，不得不回京，而地方官守着李颙，早晚都可以向他学习，也实足幸运。

□故事感悟

李颙恪守做人准则，不求名利，尽心于治学授徒，多次拒绝朝廷征召，被迫无奈时甚至以死相拒，表达了一位知识分子的高尚人格和不屈气节，为世人和后人树立了光辉榜样。

□史海撷英

博学鸿词科

原名"博学宏词科"，清乾隆时改为"博学鸿词科"。简称词科，也称宏词或宏博，科举考试制科之一种。唐开元年间始设，以考拔能文之士。宋神宗后，因考试重经义、策论，考生语文水平降低，朝廷感到起草诏、诰、章、表等应用文书方面缺少人手，于宋高宗绍兴三年（1133）置此科。

清代康熙和乾隆时曾两次举试，不论已仕未仕，皆可应考。所试为诗、赋、论、经、史、制、策等，得人颇多，甚有影响。康熙十七年（1678），为了笼络明末隐居的知识分子，举行博学鸿词科令。官员推荐的文词卓越的人，不论有无官职，是否秀才，一律到京考试，结果全国推荐143人，考取15人。雍正末年，下诏举行博学鸿词科，令各省督抚推荐，但未及举行考试雍正就去世了。清乾隆元年（1736）又在京考试，各省推荐的176人，取15人，次年又举行，取4人。

吴敬梓拒入仕途著名作

　　吴敬梓（1701—1754），字敏轩，一字文木，号粒民，晚号文木老人，清代安徽全椒人。他出身于官宦世家，自幼过着"笙簧之艺，渔猎百家"的奢华生活。后家道败落，移居江宁（今江苏南京）。他拒绝仕进，晚年贫困，漂泊扬州，卒于他乡。所著《儒林外史》为中国古代小说中第一部"讽刺之作"，另著有《文木山房集》《史汉纪疑》等。

　　吴敬梓是清朝人，在他坎坷的一生中，亲身体验了科举制度的腐朽与世态的炎凉。历尽人生冷暖后，吴敬梓发愤完成了《儒林外史》这部长达30万字的巨著。他将封建社会晚期的种种不合理现象以绝妙的讽刺手法一一呈现，对后世影响很大，可以说是中国讽刺文学的先驱。

　　吴敬梓出身官宦世家，拥有深厚的家学渊源。他天资超群，才思敏捷，少年时曾作诗冒充南朝诗人沈约的作品，竟骗过了许多人。

　　考秀才时，他从外地仓促回乡应考，入场时草草成章，心不宁、文未饰，居然荣登榜首。参加乡试时，他开卷后一挥而就，言有根、论有据，自认胜券在握，结果竟名落孙山。而一些他认为不学无术的人，反而都考上了。这种不合理的现象令他愤愤不平，从此他对科举制度产生了怀疑。此外，他又目睹无数的文人为科举求官而空耗一生，最后成为社会无用之人。这些见闻，使他对科举制度逐渐产生反叛的心理。

吴家到吴敬梓父亲时，家道开始衰落。其父吴霖起淡泊名利，在当时崇尚荣华的社会显得格格不入，后来因为得罪上司而丢官返乡。他回家后抑郁寡欢，第二年去世。此事使他深深体会到官场的冷酷与黑暗。

他的父亲死后，近房乘虚而入，引发了一场家财争夺战。在这样一个诗礼传家的家族中发生这样的丑事，让他看到道貌岸然、满口仁义道德的叔伯辈虚伪的一面。这件事使他深受刺激，也形成了他蔑视富贵的叛逆性格。

争夺财产的结果，最后还是由吴敬梓继承父亲遗留下来的大笔产业。由于生性豁达，喜欢救人急难，无论识与不识，往往有求必应，还经常邀集文人雅士饮酒作乐，结果不到十年就把家财散尽了。他宣告破产后，因受不了亲族的白眼，索性把房屋卖掉，搬到南京居住。

这段时间，他不断地写文章抨击时弊，文名逐渐传遍江南，成为当时的文坛盟主。安徽巡抚赵国麟得知他"文澜学海，落笔千言"，推荐他赴京参加廷试。在别人眼里这是千载难逢的机会，他却托病不去。

此后，他坚决不参加任何考试，并主动放弃秀才的资格。摒弃仕途后，他的生活更加穷困了，有时三餐不继，就拿几本书换一些米粮充饥。漫长的冬夜里，熬不住寒冷，他就找几个同病相怜的朋友，乘着月色，绕着城墙一边走一边歌吟呼啸，直到天亮才进城，然后哈哈大笑各自散去，他戏称此为"暖足"。

再后来，他时常外出投靠亲友，以求接济。到淮安探访朋友时，他的朋友打开他的行囊一看，空空如也，连笔砚也没有，就诧异地问："笔砚是文人一刻也不能离开的东西，你怎么连这个都没有？"他回答："我胸中自有笔墨，要这些东西干吗？"

有一次，他的亲戚去探望他，见他"不食两日矣"，就赠他2000钱。他拿到钱后，就邀约一些穷朋友痛快吃喝，根本不考虑明天有没有米下锅的问题。乾隆南巡时，别人都去夹道欢迎，他却"企脚高卧向栅床"，表示了一种鄙视的态度。

历尽沧桑和生活折磨后，他决心通过文笔将自己的不满表达出来。经过近半生的奋笔疾书，他终于完成《儒林外史》这部惊世骇俗的讽刺大作。

■故事感悟

吴敬梓的家庭变故和对科举考试的亲身经历，使他日益看清了封建社会丑陋的一面。他才华奇高，却拒绝仕进，在艰辛清贫的生活中完成了伟大的讽刺巨著《儒林外史》。可以说，吴敬梓是当时社会的一位孤独者、叛逆者，却又是为数不多的清醒者之一。

■史海撷英

讽刺小说

清代四大讽刺小说包括吴敬梓的《儒林外史》、蒲松龄的《聊斋志异》、李宝嘉的《官场现形记》、吴沃尧（吴趼人）的《二十年目睹之怪现状》。《官场现形记》《二十年目睹之怪现状》与刘鹗的《老残游记》、曾朴的《孽海花》又合称晚清四大谴责小说。

这些作品用夸张、讽刺的笔法反映了封建社会末期种种不合理的社会现象，谴责了那些腐朽没落的势力，具有较大的价值。

《儒林外史》

吴敬梓在清代文网森严的情况下，假托明代的事情，用犀利的笔锋揭开了当时所谓"承平时代"表面繁荣的假象，使人们清楚地看到其内部黑暗糜烂、污秽不堪的真相。小说通过鲜明、生动的形象，从揭露科举制度的罪恶入手，深刻地剖析了封建社会末期知识分子热衷功名、利欲熏心的肮脏灵魂，暴露了他们空疏无知、堕落无耻的丑恶面目，无情地鞭笞了封建统治阶级的昏聩无能、大小官吏的贪赃枉法和豪绅地主的专横暴虐、贪吝刻薄，辛辣地讽刺了虚伪、残忍的程朱理学和封建礼教，为人们展开了一幅活生生的封建社会的百丑图。

同时，吴敬梓还塑造了一些轻视功名富贵、鄙视科举制度的知识分子形象，歌颂了淳朴单纯、自食其力的下层民众，揭示了农民在地租、高利贷等残酷盘剥下无法生存的悲惨命运和他们被逼无路时的奋起反抗。

《儒林外史》不愧为我国古典文学中的一部最杰出的讽刺小说。

王选夫妇创造汉字奇迹

　　王选（1937—2006），中国科学院院士，中国工程院院士。1954年至1958年在北京大学数学力学系计算数学专业学习，1958年至1959年任北京大学数学力学系教师，1959年至1978年任北京大学无线电系教师，1978年至1995年任北京大学计算机研究所所长、副教授、教授，1995年至1996年任九三学社中央副主席、北京大学计算机研究所所长、方正控股有限公司董事局主席，2001年获国家最高科技奖，2003年当选为第十届全国政协副主席。

　　陈堃銶（1936—　），上海市人，北京大学计算机科学技术研究所教授、博士生导师。1957年毕业于北京大学数学力学系计算数学专业，1975年起承担了国产计算机汉字激光照排系统（华光系统和方正系统）大型软件的全部设计并负责实现。1985年该系统通过国家鉴定并迅速得到推广应用，目前已占据了国内99%的市场，引发了我国印刷业"告别铅与火，迎来光与电"的技术革命。二十余年来，她为我国的印刷出版业技术进步以及以计算机技术改造传统产业做出了重大贡献。

1967年，北京大学数学系的青年女教师陈堃銶宣布自己即将结婚的喜讯时，得到的却是许多老同学直言不讳的发问："你怎么会找那么一个半死不活的人？"

这个幸运的"病鬼"便是王选。当他荣任准新郎之际，也正是他"岌岌可危"之日，"动一动都要大口喘气"。陈堃銶对他说："结婚，就是为了名正言顺地照顾你！"

1958年，北京大学正在研制中型计算机——红旗机，年轻的王选热情地投入到了计算机的设计、调试工作之中。回忆起当时的情形他坦言："当时都玩命了，经常是连续工作一天一夜，最紧张的时候40个小时都不睡觉。熬完通宵回到宿舍，还没解开衣扣就睡着了。"高负荷的紧张工作，长时间的体力透支，再加上随后而至的三年自然灾害，王选又饱尝了饥饿的滋味，他全身浮肿，得了一场大病：低烧不退，胸闷气短，呼吸困难，并长久没有治愈。

1975年春天，北大有了一台计算机。陈堃銶在计算机应用情况的调研中了解到，国家有个关于汉字信息处理技术的重点科研项目，代号为"748工程"。她凭着多年的教学科研经验和对国内外计算机行业信息的掌握，敏锐地感觉到，这是一件值得做的大事。

她把这一消息告诉了王选。将电子计算机应用于出版印刷行业，是王选在病榻上做过多次的美梦。这一消息使王选美妙的构想有了一个可以实现的机会，他被汉字精密照排的难度和光明的应用前景所吸引，激发起了他挑战困难的天性和创造的欲望。

王选夫妇做出了一个历史性的选择，从此与汉字精密照排结下了不解之缘。他们共同走上的这条充满了荆棘的漫长的科学之路，也使他们牺牲了家庭生活的乐趣，几乎过着清教徒一般的生活。二十多年来，他们没有寒暑假，没有星期天。每年春节放假，正是他们避开干扰、效率最高的工作日。作为个人爱好，王选喜欢听京剧，陈堃銶喜欢音乐，他们都热衷饱览大自然美丽的风光，但他们没有时间去戏院、音乐厅，更没时间去旅游。王选说："一个献身于学术的人，是无权过普通人的生活的。他要失去许多常人拥有的乐趣，也能得到常人得不到的幸福。"

王选何其有幸，他同时有了两个聪慧的、高速运转的大脑；中国的激光照排事业何其有幸，有这样两个为之忘我奉献的人！他们的家几乎成了汉字精密照排项目的工作间。没有白天和夜晚，没有上班和下班的界限，调研、查阅资料、论证方案，一切都在紧张而有序地进行着。

夫妻二人朝朝暮暮，殚精竭虑，全部生活的中心就是项目中所遇到的各种困难和问题。一切喜怒哀乐，无不与这些困难、问题的解决密切相关。作为科学家，他们勇于向困难挑战，而从攻克难关中所获得的乐趣也是常人所体会不到的。

那些日子，夫妻俩常常是早上一睁开眼就开始讨论科研方案，时而各抒己见，争得面红耳赤；时而又不谋而合，夫唱妇随。大部分技术上的难题，不是在办公室，而恰恰是在清晨的讨论或半夜的突发奇想中得到解决的。就这样，不知经过了多少个节假日和不眠之夜的奋力拼搏，他们终于在1976年年初设计出了一个两人都比较满意的"轮廓加参数"汉字高倍压缩方案。

1981年10月，陈堃銶得了直肠癌，手术后仅休息了一年，就又回到了科研第一线。一些技术难题，还等着她挑大梁去解决呢！王选作为北大计算机研究所所长，他又被没完没了的技术攻关所淹没，关照妻子的承诺，成了一句甜蜜的空话。

1987年5月22日，《经济日报》出版了第一张完全采用计算机屏幕组版、整版激光输出的中文报纸。同年10月，王选荣获中国首届毕昇奖和森泽信夫印刷奖，他们所发明的照排系统获国家科技进步一等奖。

　　王选所在的北大方正集团如日中天，发出越来越耀眼的光辉。而陈堃銶二十多年来隐藏在光环的背后。这位几十年如一日默默工作和奉献着的女性，岂止是淡泊名利，简直是躲开了名利，几乎没有人注意到她。

　　后来的几年，作为"博导"，王选夫妇逐渐从科研第一线退了下来，以"人梯"的精神，双双成了"人才工程设计师"。

　　回首走过的道路，王选总是激动地说："在当年那么艰苦的情况下，我们能够坚持下来，靠的完全是对事业和价值的追求。如果只图名利，是很难克服那些常人难以想象的困难的。"

　　"陈堃銶从不要什么名利，但我总觉得自己剥削了她。两个人的荣誉加在了我一个人身上。这绝不是一般意义上的'军功章上有你的一半也有我的一半'。可以说，没有陈堃銶和那些当年一起奋斗过来的中年教师，就没有北大方正今日的辉煌。"王选生前曾这样说。

■故事感悟

　　王选和陈堃銶两位老人的事迹将永远感动着我们和后人。他们夫妻二人在艰苦的岁月里为了祖国的科学事业努力奋斗，牺牲了所有的娱乐。他们不慕名利、艰苦奋斗以及对事业和价值的追求精神，体现了当代科学家的高尚情怀，人民会永远记住他们的丰功伟绩。

■史海撷英

汉字激光照排系统

　　传统的报纸和图书都是用铅字印刷，因此离不开"铅"与"火"。1975年5月，北京大学开始研制照排系统，由王选教授等人主持这项工作。

1979年7月27日，在北大汉字信息处理技术研究室的计算机房里，科研人员用自己研制的照排系统，在极短的时间内，一次成版地输出一张由各种大小字体组成、版面布局复杂的八开报纸样纸，报头是"汉字信息处理"六个大字。这是首次用激光照排机输出的中文报纸版面。这项成果，为世界上最浩繁的文字——汉字告别铅字印刷开辟了通畅大道，对实现中国新闻出版印刷领域的现代化具有重大意义。这项成果引起了当代世界印刷界的惊叹，被誉为中国印刷技术的再次革命。

■文苑拾萃

夫唱妇随

解 释

随：附和。比喻夫妻互相配合，行动一致。也指夫妻和睦。

出处：《关尹子·三极》："天下之理，夫者倡，妇者随。"

示例：春郎夫妻也各自默默地祷祝。自此上下和睦，夫唱妇随。（明·凌蒙初《初刻拍案惊奇》卷二十）

第三篇

脱俗观漠看生死

庄子超然对生死

　　庄子是先秦论述死亡问题最为详尽的哲学家，他对于死亡豁达乐观。在《庄子·至乐》篇中记有这样一个故事："庄子妻死，惠子吊之，庄子则方箕踞鼓盆而歌。惠子曰：'与人居，长子老身，死不哭亦足矣，又鼓盆而歌，不亦甚乎！'庄子曰：'不然。是其始死也，我独何能无慨！然察其始，而本无生；非徒无生也，而本无形；非徒无形也，而本无气。杂乎芒芴之间，变而有气，气变而有形，形变而有生。今又变而之死。是相与为春秋冬夏四时行也。人且偃然寝于巨室，而我噭噭然随而哭之，自以为不通乎命，故止也。'"

　　上述的意思是：庄子晚年丧妻，惠施闻讯，前去吊唁。进门后，他看见庄子很不雅观地两腿八字张开坐守棺旁，手拍瓦盆伴奏，毫无愁容，放声歌唱。惠施不解地说："伉俪多年，同床共枕，她为你养儿成人，自己送走青春，老了，死了。你看得淡，不哭也行，可你，竟然敲盆唱歌，你不感到做得太过分了吗？"

　　庄子说："你说错了。我也是人啊，妻子刚死的时候我哪能不悲伤？我想起从前，那时她未生，不成其为生命。更早些呢，不但不成其为生命，连身体也未成形。更早些呢，不但未成身形，连魂气也没有。后来才有了她的一丝魂气。再后来呢，魂气变成了身形，她生下来，成为独立生命。生命经历了种种苦难，又变成死亡。回顾她的一生，我联想到春夏秋冬时序的演变，这是多么相似啊。现在她即将从我家小屋迁往天地大屋，坦然安卧。我不唱欢送，倒去嗷嗷哭送，那就太不懂得生命原理了。这样一想，我便节哀，敲盆唱起歌来。"

在《庄子·至乐》篇中，庄子讲了一个故事：庄子去楚国，看到一个骷髅骨架，躺在那里尚具人形。庄子上前用马鞭轻轻地敲着骷髅，说："先生你是因为过于贪图生的快乐，以致失去理性而死的吗？你是因为国家发生叛乱，死于刀斧之下吗？你是因为做了见不得人的事，愧对于父母、妻子、儿女而自杀的吗？你是因为解决不了温饱问题而冻饿致死的吗？你是天年已尽、寿终正寝的吗？"说完后便拉过骷髅，枕在上面睡着了。

睡到半夜，骷髅来到庄子的梦中，说："听你说话的风格，像是个舌辩之士。你对我说的那些情况，都是活人的烦恼，一旦死掉，就全部没有了。你想听听死后的快乐吗？"庄子说："当然想听。"骷髅说："人死之后，上没有君主，下没有臣奴，也不必再为四季耕种发愁，从而以天地宇宙的变化当作纪年。即使你们活人南面称王，也比不过这种快乐！"庄子听了不太相信，说："我请求司命的神祇，让他们重新赋予你形体，生长出骨肉肌肤，把你的父母、妻子、儿女、乡亲和你从前所具有的知识都返还给你，你觉得怎么样呢？"骷髅深深地皱起眉头，说："我怎么会放弃比南面称王还要快乐的生活，再来承受人世间的劳苦忧愁呢？"

庄子认为，人的生死变化就像春夏秋冬四季的运行一样。人死亡后静静地安息在天地之间，这是自然规律，是不可以抗拒的，故根本用不着对死有什么悲戚之感。死亡是一种休息，也用不着害怕。

庄子不仅对别人的死亡豁达超然，自己面临死亡时也是视死如归，表现得十分坦然。《庄子·列御寇》记载，庄子将死的时候，其弟子准备为他隆重厚葬，庄子却说："吾以天地为棺椁，以日月为连璧，星辰为珠玑，万物为赍送。吾葬具岂不备邪？何以如此！"（意思是：我把天地当做棺椁，把日月当做连璧，把星辰当做珠玑，万物都可以成为我的陪葬。我陪葬的东西难道还不完备吗？哪里用得着再加上这些东西！）弟子又担心他的尸体会被鸢吃掉，庄子笑答道："在上为乌鸢食，在下为蝼蚁食，夺彼与此，何其偏也。"（意思是：弃尸地面将会被乌鸦和老鹰吃掉，深埋地下将会被蚂蚁吃掉，夺过乌鸦老鹰的吃食再交给蚂蚁，怎么如此偏心！）

■故事感悟

庄子的思想洒脱、自由，主张顺应自然规律而活，不追求身外之物。他认为生死是自然规律，有生必有死，不必忧虑。况且人死之后就没有了世俗的一切纷扰、繁杂，是真正的"逍遥"。在庄子眼里，死亡充满了诗情画意，不用悲哀，不用恐惧。这也是他告诫我们，如何面对生死这件看似痛苦的事。

■史海撷英

道 家

先秦时期的思想派别之一，以老子、庄子为主要代表。道家的思想崇尚自然，有辩证法的因素和无神论的倾向，同时主张清静无为，反对斗争。道家思想的核心是"道"，认为"道"是宇宙的本源，也是统治宇宙中一切运动的法则。老子曾在他的著作中说："有物混成，先天地生。寂兮寥兮，独立而不改，周行而不殆，可以为天地母。吾不知其名，字之曰道，强为之名曰大。"

逍遥游（节选）

（战国）庄子

故夫知效一官、行比一乡、德合一君、而徵一国者，其自视也亦若此矣。而宋荣子犹然笑之。且举世而誉之而不加劝，举世而非之而不加沮，定乎内外之分，辩乎荣辱之境，斯已矣。彼其于世，未数数然也。虽然，犹有未树也。夫列子御风而行，泠然善也，旬有五日而后反。彼于致福者，未数数然也。此虽免乎行，犹有所待者也。若夫乘天地之正，而御六气之辩，以游无穷者，彼且恶乎待哉？故曰：至人无己，神人无功，圣人无名。

李膺无畏坦然赴狱

李膺（110—169），字元礼，颍川襄城（今属河南）人。他学问高，为人正直，在当时的名气很大，一般人都以能与他交往为荣。李膺坚定不移地打击横行霸道的宦官势力，既招来了宦官深刻的忌恨，也赢得了众多士人和太学生的敬仰和拥护。太学生称道："天下模楷李元礼。"后终被宦官陷害，下狱而死。

李膺是东汉时期的名士，他性情高傲，少与人交往。做官以后，他转调监领乌桓校尉。鲜卑屡次进犯边塞，李膺常常亲身参战，总是能打退敌人，令敌人十分惧怕。

李膺因故被免去官职，回到家乡附近的纶氏居住，教授弟子达上千人。南阳的攀陵名声不好，请求做他的门徒，李膺推辞不接纳。后来，攀陵凭着阿谀攀附宦官，官位升到太尉，有节操的人对这种事感到羞耻。荀爽曾经去拜见李膺，借机替李膺驾了车，回去以后高兴地说："今天才能够为李先生驾上车呀。"李膺就这样被人仰慕。

永寿二年（156），鲜卑侵扰云中，桓帝听说李膺有本事，便再次征召他担任度辽将军。李膺到了边塞，鲜卑人远远望见他的气势就畏惧顺服了，将先前所掳掠的男女百姓都送还到边塞前。从此，李膺的声威震慑边远地域。

李膺再次调动官职，被任命为司隶校尉。他执法不避强暴，桓帝所宠信的宦官张让的弟弟张朔，仗着他哥哥的权势，贪暴残忍，无恶不作，乃至杀孕妇取乐。张朔畏罪潜逃至京师张让家，藏于"合柱"中。李膺闻讯亲自带人径入张宅，破柱捕张朔。经审讯录供后，立即处死。张让诉冤于桓帝，桓帝质问李膺为什么不先奏而后斩，李膺回答说："过去孔夫子做鲁国司寇，上任七日就诛少正卯。今天臣到任已十天了，才杀张朔，我还以为会因为我除害不速而有过，想不到会因及时处决张朔而获罪。我深知因此而惹祸了，死期快到，特请求皇上让我再活五日，除掉那祸首，然后皇上再用鼎烹煮我，我也心甘情愿。"

李膺这一番有智有勇的回答，桓帝无以对答，只得对张让说："这是你弟弟的罪过，司隶有何错呢？"据说，自此以后，大小宦官走路不敢伸直腰板，说话不敢粗声大气，假日里也不敢出宫门玩耍，桓帝感到奇怪，便问一宦官，宦官叩头向桓帝哭诉说："畏李校尉。"

当时朝廷日渐混乱，纲纪颓败。李膺独自守持法度纲纪，保持声名高洁。

李膺坚定不移地打击横行霸道的宦官势力，既招来了宦官深刻的忌恨，也赢得了众多士人和太学生的敬仰和拥护。太学生称道："天下模楷李元礼。"李膺成了当时太学生运动的核心人物。然而，李膺在士人和太学生中影响愈大，宦官就愈要置李膺于死地。

后来，张俭因检举宦官侯览及其母亲的罪恶而得罪朝廷，朝廷缉捕张俭及同党，同乡人对李膺说："你赶紧逃走吧。"李膺回答说："事奉君王不躲避灾难，有了罪过不逃避刑罚，这是臣子的节操。我已经六十岁了，死生有命运的安排，逃走将到哪里去呢？"于是自己去了奉诏监禁犯人的监狱，从容赴死。

■故事感悟

李膺是一位英雄。为国戍边，他身先士卒，威名远扬；在朝中，他严明执法，不畏权贵。而当需要牺牲的时候，他毫不畏惧，自赴牢狱。他将自己的命运和整个国家联系在一起，通达生死，令人钦佩。

■史海撷英

清 议

清议指对时政的议论、社会舆论。东汉后期，宦官专政不仅使政治黑暗，而且也垄断了仕途。这时的选举、征辟，都要按照他们的好恶行事，这就严重地侵夺了士人的仕进之路。这一时期，太学生已发展到3万余人，各郡县的儒生也很多，他们与官僚士大夫结合，在朝野形成一股庞大的官僚士大夫反宦官专权的社会政治力量。他们"激扬名声，互相题拂；品核公卿，裁量执政"。这就是所谓的"清议"。

■文苑拾萃

吊李膺辞

（宋）梅尧臣

阴蜺横天，长剑欲抉，匣颖未露兮精钢已折。
层次塞川，猛炬方烈，凝气未销兮高焰已灭。
虽忠毅之有志兮，当衰运之闭结。

嗟身祸之不免兮，甘就死于缧绁。

何贤者之景慕兮，或自表而谢绝。

惟荀公之获御兮，见颜间之气悦。

奚服媚之若兹兮，盖操秉乎峻节。

风裁独高而罕接兮，号龙门而无凡辙。

允简亢不容于时兮，玉虽碎而犹洁。

痛汉纲之颓圮兮，又何毁乎贤哲。

历千古而可悲兮，故余不得而面结。

叩此邦而长民兮，过旧垅而增咽。

嗟异代之有遇兮，若登履乎间閤。

对风树之萧萧兮，想魂气之未竭。

聊感慨于斯兮，写忧心之惙惙。

曹操"老骥伏枥"

龟虽寿

神龟虽寿，犹有竟时。

腾蛇乘雾，终为土灰。

老骥伏枥，志在千里。

烈士暮年，壮心不已。

盈缩之期，不但在天；

养怡之福，可得永年。

幸甚至哉，歌以咏志。

　　这首诗是曹操《步出夏门行》组诗中的一首。写这一组诗时，曹操刚击败袁绍父子，平定北方乌桓，踌躇满志，乐观自信，充满建功立业的豪情壮志。这首诗阐发了诗人的人生态度，富于哲理。笔调兴致淋漓，有一种真挚而浓烈的感情力量。

　　《庄子·秋水篇》说："吾闻楚有神龟，死已三千岁矣。"曹操反其意而用之，说神龟纵活三千年，可还是难免一死呀！《韩非子·难势篇》记载："飞龙乘云，腾蛇游雾，云罢雾霁，而龙蛇与蟆蚁同矣！""腾蛇"和龙一样能够乘云驾雾，本领可谓大矣！然而，一旦云消雾散，就和苍蝇蚂蚁一样，灰飞烟灭了！古来雄才大略之主如秦皇汉武，服食求仙，亦不免于神仙长生之术的蛊惑。而独曹操对生命的自然规律有清醒的认识，这在谶纬迷信猖炽的时代是难能可贵的。更可贵的是如何对待这有限的人生？曹操一扫汉末文人感叹浮生若梦、劝人及时行乐的悲调，慷慨高歌曰："老骥伏枥，志在千里。烈士暮年，壮心不已。"

曹操自比一匹上了年纪的千里马，虽然形老体衰，屈居枥下，但胸中仍然激荡着驰骋千里的豪情。他认为，有志干一番事业的人，虽然到了晚年，但一颗勃勃雄心永不会消沉，一种对宏伟理想的追求永不会停息啊！这首诗始于人生哲理的感叹，继发壮怀激烈的高唱，复而回到哲理的思辨："盈缩之期，不但在天；养怡之福，可得永年。"

曹操对人生的看法颇有辩证的思维，他首先表明尊重自然规律，人总是要死的。接着讲人在有限的生命里，要充分发挥主观能动性，去积极进取，建功立业。

最后再谈到人在自然规律面前也不是完全无能为力的，一个人寿命的长短虽然不能违背客观规律，但也不是完全听凭上天安排。如果善自保养身心，使之健康愉快，不是也可以延年益寿吗？曹操所云"养怡之福"，不是指无所事事，坐而静养，而是说一个人精神状态是最重要的，不应因年暮而消沉，而要"壮心不已"——要有永不停止的理想追求和积极进取的精神，永远乐观奋发，自强不息，保持思想上的青春。曹操以切身体验揭示了人的精神因素对健康的重要意义，从这方面来说，它又是一篇绝妙的养生论。

这首诗中的哲理来自诗人对生活的真切体验，哲理与诗情又是通过形象化的手法表现出来的。诗中"老骥伏枥"四字成为千古传诵的名句，全诗笔力遒劲，韵律沉雄，内蕴着一股自强不息的豪迈气概，深刻地表达了曹操老当益壮、锐意进取的精神面貌，使这位"时露霸气"的盖世英豪的形象跃然纸上。而最后数句则表现出一种深沉委婉的风情，给人一种亲切温馨之感。全诗跌宕起伏，又机理缜密，闪耀出哲理的智慧之光，迸发出奋进之情，振响着乐观声调，显示出诗人的进取精神以及热爱生活的乐观态度。

故事感悟

曹操是一位历史造就的英雄。他胸怀宽广，对生死有很正确的认识。在这首诗中，他告诉我们，人寿命的长短不完全取决于天，任何生命都有终结的一天，只要保持身心健康就能延年益寿，表达了他不甘衰老、不信天命、奋斗不息的壮志豪情。

史海撷英

白狼山之战

官渡之战后，袁绍病死，两个儿子袁尚、袁熙则投靠乌桓，企图联合乌桓东山再起。曹操决定北征乌桓，解除后顾之忧。建安十二年（207）八月，曹军兵至白狼山附近。乌桓得知曹军已经逼近，袁尚、袁熙及辽西单于楼班、右北平单于能臣抵之等带领数万名骑兵迎面杀向曹军。

此时两军已经相遇，乌桓军兵力众多，而曹军在易县时已甩掉辎重，轻装前进，故披甲戴盔者很少，许多人有畏战心理。曹操登上白狼山（今喀左太阳山），看到敌人阵势不甚整齐，于是以大将张辽、张郃为前锋，纵兵出击。经过一场血战，乌桓军队大败，尸横遍野。曹军"追奔逐北，至柳城"。此次战役"虏众大崩，斩蹋顿及名王已下，胡、汉降者20余万口"。

袁尚、袁熙见败局已定，便与辽东单于速仆丸及数千骑兵逃奔至辽东太守公孙康处避难。此时有人劝曹操乘胜追击，曹操说："吾方使康斩送尚、熙首，不烦兵矣。"

陶渊明弃官躬耕

陶渊明（约365—427），字元亮，号五柳先生，世称靖节先生，入刘宋后改名潜，东晋末期诗人、辞赋家、散文家，浔阳柴桑（今江西省九江市）人。他曾做过几年小官，后辞官回家，从此隐居。田园生活是陶渊明诗的主要题材，相关作品有《饮酒》《归园田居》《桃花源记》《五柳先生传》《归去来兮辞》《桃花源诗》等。

"木欣欣以向荣，泉涓涓而始流。善万物之得时，感吾生之行休。已矣乎！寓形宇内复几时？曷不委心任去留？胡为乎遑遑欲何之？富贵非吾愿，帝乡不可期。怀良辰以孤往，或植杖而耘耔。登东皋以舒啸，临清流而赋诗。聊乘化以归尽，乐夫天命复奚疑！"

译为现代文意思是：树木长得欣欣向荣，泉水开始涓涓奔流。羡慕万物恰逢繁荣滋长的季节，感叹我的一生将要结束。算了吧！身体寄托在天地间还能有多少时候？为什么不随心所欲，听凭自然地生死？为什么心神不定啊，想要到哪里去？企求富贵不是我的心愿，修仙成神是没有希望的。爱惜美好的时光，独自外出。有时扶着拐杖除草培苗。登上东边的高冈，放声呼啸。面对清清的流水吟诵诗篇。姑且顺随自然的变化，度到生命的尽头。乐安天命，还有什么可疑虑的呢？

这是陶渊明《归去来兮辞》中的一段话，集中表达了他的人生观。陶渊明的人生观表现为怡然自得，恬淡高洁；而其死亡观则主要表现为乐天知命，任其自然。陶渊明认为死是一件十分自然的事情，人总是要死的，不管他曾经是怎样的人。

陶渊明在去世前不久，为自己写了《自祭文》，其中把死说成是"将辞逆旅之馆，永归于本宅"。先住旅馆，后回老家，平平常常，都没有什么遗憾。这种既实际而又通达的人生态度贯穿了诗人的一生。

在陶渊明的作品中有两个内容经常出现：一个是他的家园，也就是所谓"逆旅之馆"，这里是他世俗生活的地盘；另一个是坟墓，亦即"本宅"，这里是他的归宿，也是他的大本营。

陶渊明与先前许多隐士不同的地方在于，他的隐是"归隐"，没有按古老的传统安排在山林岩穴或别的什么人迹罕至之处，他过的是非常普通的农村知识分子生活，毫无怪异色彩。既然人的一生不过像住了一段时间旅馆，何必一定要去深山老林？陶渊明无比热爱自己的家园，一再形之于歌咏。

在《归园田居》一诗中，他曾经兴高采烈地说起他借以安身立命的住所是"方宅十余亩，草屋八九间。榆柳荫后檐，桃李罗堂前"，又说这里"户庭无尘杂"。总之，虽然建筑面积并不大，更说不上奢华，但相当宽敞、幽静、洁净，隐居是足够了。陶渊明换过几次住处，他对自己的家始终有一种特别的深情，高唱过"吾亦爱吾庐"的佳句，其《读山海经》的第一首诗歌也表达了这样的感情。

孟夏草木长，绕屋树扶疏。众鸟欣有托，吾亦爱吾庐。
既耕亦已种，时还读我书。穷巷隔深辙，颇回故人车。
欢然酌春酒，摘我园中蔬。微雨从东来，好风与之俱。
泛览周王传，流观山海图。俯仰终宇宙，不乐复何如？

陶渊明在诗里又多次写到过坟墓，他特别喜欢凭吊坟墓以及废墟。其《诸人共游周家墓柏下》就是这样一首诗。

今日天气佳，清吹与鸣弹。感彼柏下人，安得不为欢。
清歌散新声，绿酒开芳颜。未知明日事，余襟良已殚。

有感于墓下之死人，深知活着是一种幸福，那么就尽情享受生活吧。

在陶渊明那里，安贫乐道和及时行乐是紧密地结合在一起的。等到他年纪渐老，身体欠佳，预感到死亡正在向自己逼近的时候，他采取了一些措施，例如，服用某些药品和补品，而更突出的是表现出对死亡的坦然和达观，他预先写下了一份近乎遗嘱的文字《与子俨等疏》，平静地对后事做出了安排。其时又写有《杂诗十二首》（其七）。

弱质与运颓，玄鬓早已白。素标插人头，前途渐就窄。
家为逆旅舍，我如当去客。去去欲何之？南山有旧宅。

他要离开旅馆回归本宅去了。当他知道死亡就在眼前而且无可改变时，心态是平静的，"视死如归，临凶若吉。药剂弗尝，祷祀非恤。傃幽告终，怀和长毕"。这表明他很安静地准备好回老家去。

陶渊明在《自祭文》中说，自己"识运知命，畴能罔眷。余今斯化，可以无恨"。其时，他写的三首《挽歌诗》尤为旷达，充分表达了他的乐天知命思想，凡此种种，都确实是像回老家的样子。陶渊明不是那种高谈大道理的理论家，他躬行相信的东西，或者说他只相信自己能够做得到的事情和道理。

■故事感悟

陶渊明是一位旷达之士，他放弃官位，甘于躬耕，以求得心灵的平静。对于生死，他同样看得透彻。生与死都是生命的一种形态，人应该顺应自然，超脱达观，乐天知命，不必顾虑重重。

■史海撷英

鲁迅论陶渊明诗

陶渊明的咏史诗，如《咏二疏》《咏三良》《咏荆轲》中塑造了知足知止的二疏，毅然殉主的三良和勇刺秦王的荆轲等人物。在其他诗里，他也涉及了许多历史人物。鲁迅在评论陶渊明的诗时说他"除论客所佩服的'悠然见南山'之外，也还有'精卫衔微木，将以填沧海。刑天舞干戚，猛志固常在'之类的'金刚怒目'式"。陶渊明诗中所写的历史人物，寄托着他丰富、复杂的思想感情，也体现了他"猛志固常在"和"悠然见南山"的两种不同志趣。

陶渊明所写的众多历史人物中，有良臣贤相、开国元勋、刺客义士，但其数量远不及那些鄙弃官爵、甘守贫贱、乐天乘化的隐士达人，而且从作者的态度看，他写后者时更洋溢着充沛的情感。鲁迅说："这'猛志固常在'和'悠然见南山'的是一个人，倘有取舍，即非全人，再加扬抑，更离真实。"鲁迅反对的是脱离实际地取舍，单凭主观去加以抑扬。

■文苑拾萃

归去来兮辞（节选）

（东晋）陶渊明

归去来兮，田园将芜胡不归？既自以心为形役，奚惆怅而独悲？悟已往之不谏，知来者之可追；实迷途其未远，觉今是而昨非。舟遥遥以轻飐，风飘飘而吹衣。问征夫以前路，恨晨光之熹微。

乃瞻衡宇，载欣载奔。僮仆欢迎，稚子候门。三径就荒，松菊犹存。携幼入室，有酒盈樽。引壶觞以自酌，眄庭柯以怡颜。倚南窗以寄傲，审容膝之易安。园日涉以成趣，门虽设而常关。策扶老以流憩，时矫首而遐观。云无心以出岫，鸟倦飞而知还。景翳翳以将入，抚孤松而盘桓。

袁枚"文星兼寿星"

> 　　袁枚（1716—1798），清代诗人、散文家，字子才，号简斋，晚年自号仓山居士、随园主人、随园老人，钱塘（今浙江杭州）人。袁枚是乾隆嘉靖时期代表诗人之一，与赵翼、蒋士铨合称"乾隆三大家"。袁枚为文自成一家，与纪晓岚齐名，时称"南袁北纪"。他倡导"性灵说"，主张写诗要写出自己的个性，认为"自三百篇至今日，凡诗之传者，都是性灵，不关堆垛"。他主张直抒胸臆，写出个人的"性情遭际"，坚持将"性灵"和"学识"结合起来，以性情、天分和学历作为创作基本，以"真、新、活"为创作追求，这样才能将先天条件和后天努力相结合，创作出佳品。

　　清代著名诗人袁枚，享年八十二岁，被誉为"一代文星兼寿星"。他在老年时期，用诗作表达了他的养生观和生死观，颇能给人以启迪。

　　袁枚喜爱远游、登山等活动，在运动中求得健康和欢乐，"我年六十四，今春犹聪强。上山不嫌高，坐夜不厌长。有时逸性发，跳跃如生獐"（《病后作》）。"闲扫萧斋静扫蝇，修行何必定如僧"（《偶成》）。主张动静结合，在读书间隙不妨做点清扫书斋等事，既可活动筋骨，又可创造清洁的环境。

人到了古稀之年，从事剧烈的活动不行了，又该如何消遣呢？他写道："一笑老如此，作何消遣之？思量无别法，唯有多吟诗。"（《遣怀杂诗》）又道："我生嗜好多，老至亦渐忘，唯有两三事，依旧欢如常。摊书傍水竹，随手摩圭璋；名山扶一杖，好花进一觞。谈文述甘苦，说鬼恣荒唐。七十苟从心，逾矩亦何妨！"（《书所见》）

袁枚64岁时患了疟疾，病愈后自感消瘦异常，精力大不如前，因此他谆谆告诫老年朋友："始知将尽灯，不可使扇飏；又如将落叶，向堪风再戕！寄语衰年人，寒暑宜周防。"（《病后作》）意思是：人到衰老之年，经不起风吹霜打，应该小心提防寒暑的变化和疾病的侵袭。

袁枚处世心态积极乐观，直到晚年仍笔耕不辍。"譬如将民蚕，尚有未尽丝，何不快倾吐，一使千秋知"（《遣怀杂诗》）。字里行间充满着乐观进取的精神。

袁枚在75岁时腹疾久治不愈，替自己作了自挽诗："人生如客耳，有来必有去。其来既无端，其去亦无故……"他还到朋友家敲门逼索生挽诗，最后有30多人，包括大名鼎鼎的赵翼、孙士毅、姚鼐、洪亮吉、钱大昕等，都为他写了生挽诗。可见袁枚之豁达、之明澈、之无畏、之幽默。

袁枚不仅"八十不知老"，且能坦然面对死亡，认为那是自然规律，无须畏惧。他在《喜老》诗中写道："一起百事生，一眠万事了。眠起即轮回，无喜亦无恼。何物是真吾？身在即为宝。就便再龙钟，凭人去笑倒。试问北邙山，年少埋多少！"作者自豪自足、洒脱乐观的情绪溢于言表，令人敬佩。

■故事感悟

"尚有未吐丝，何不快倾吐"，是袁枚的人生追求。他珍爱生命，主张动静结合，以康身健体。但对于必然到来的死亡，他也不畏惧，洒脱乐观。珍爱生，不畏死，袁枚真可称得上是达观之士。

■史海撷英

袁枚置随园

随园位于金陵小仓山（今南京市广州路西侧）。雍正五年（1727），曹雪芹之父因"行为不端""骚扰驿站"和"亏空"等罪名被抄家，由内务府郎中隋赫德接替曹家产业，此园归隋所有。不久，隋赫德又因贪污被抄家。乾隆十三年（1748）袁枚以300金购得此园。当时"园倾且颓，……百卉芜谢，春风不能花"，荒废已久，袁枚加以整治，由于是"随其丰杀繁瘠，就势取景"，因此称为"随园"。他在《杂兴诗》描写随园景致："造屋不嫌小，开池不嫌多；屋小不遮山，池多不妨荷。游鱼长一尺，白日跳清波；知我爱荷花，未敢张网罗。"随园四面无墙，每逢佳日，游人如织，袁枚亦任其往来，不加管制。袁枚自得其乐，寓居于此，自号随园老人，并成就著名的《随园诗话》。

■文苑拾萃

自 嘲

（清）袁枚

小眠斋里苦吟身，才过中年老亦新。
偶恋云山忘故土，竟同猿鸟结芳邻。
有官不仕偏寻乐，无子为名又买春。
自笑匡时好才调，被天强派作诗人。

谭嗣同维新不惧死

谭嗣同（1865—1898），字复生，号壮飞，又号华相众生、东海褰冥氏、廖天一阁主等。湖南浏阳人，清末巡抚谭继洵之子，出生于北京宣武城南嬷眠（原烂面）胡同邸第。他善文章，好任侠，长于剑术，著名维新派人物。1898年参加"戊戌变法"，变法失败后，于1898年9月28日在北京宣武门外的菜市口刑场英勇就义。代表著作《仁学》。

晚清末年，在资产阶级改良派的推动下，光绪皇帝克服重重阻力，终于在1898年6月11日颁布《明定国是诏》，实行维新变法。由于徐致靖的推荐，谭嗣同被召参与新政。两个月后，他不顾大病初愈，赶到北京，立即受到光绪帝的召见并被破格提升为四品军机章京，与杨锐、林旭、刘光第等人同在军机处专理变法事宜。但是，正当他们以满腔爱国热忱，为了祖国的昌盛而不辞辛苦、日日夜夜努力工作时，以慈禧为首的封建顽固派却挥起屠刀，向改良派猛扑过来。

9月初，慈禧和直隶总督荣禄密谋，准备趁光绪帝10月到天津阅兵之机发动兵变，逼他退位，然后推翻一切新政。形势急转直下，手无寸权的光绪帝只好密告谭嗣同和康有为等"今朕位几不保",要他们"妥速密筹,设法相救"。在这万分危急之时,谭嗣同自告奋勇去找当时统领新建陆军的袁世凯,要他在阅兵时杀掉荣禄,"保护圣主"。袁世凯当即满口答应,并说:"杀荣禄就像杀一条狗一样。"为防袁变心,谭嗣同临走时又告诫他说:"这一次报皇帝的恩,救皇帝的难,立奇功大业,在于你;如果贪图富贵,向太后告密,杀了我,你可以升大官。"阴险狡诈的袁世凯信誓旦旦地表示:"你把我当成了什么人?我是决不会丧心病狂地把事情弄坏的。"但是他转身即向荣禄告密。

9月21日凌晨,慈禧将光绪软禁,宣布"临朝听政",并下令搜捕改良派。历时103天的"戊戌变法"到此中途夭折。

事败后,康有为匆匆地逃出北京,梁启超也被迫避难于外国使馆。谭嗣同面临绝境,却泰然处之。朋友们纷纷劝他逃走,免遭横祸。他少年时代的武术老师"大刀王五"并以性命相许,保他出城,但都被他拒绝了。他说:"各国变法,都是流了血才成功的。但是,现在中国还没有听说有因变法而流血的人,这也许就是我们祖国之所以不昌盛的原因。那么,这种为变法而流血牺牲的事,就从我谭嗣同开始吧!"

9月25日,官兵闯进了谭嗣同的住处。谭嗣同大义凛然,从容被捕。从他参政到入狱这天为止,才仅仅半个月的时间。他虽然身陷囹圄,但是没有丝毫的悲凄和恐惧,他谈笑自若地静候那壮烈时刻的到来。他曾在监狱的墙上慨然题诗。

望门投止思张俭,忍死须臾待杜根。

我自横刀向天笑,去留肝胆两昆仑。

他在给康有为和梁启超的绝命信中写道："这次政变，是天翻地覆的大祸。我今被捕，自料必死，我死不足惜，可怕的是瓜分大祸就在眼前，我担心的是民族的命运和祖国的前途。因此，我写这封血书，希望大家同心杀贼，挽救危亡。我相信中国之大，民众之多，一定会有人做到这一点，嗣同虽生不能报国，死也愿为厉鬼，帮助完成这番事业。"

被捕后第三天，年仅33岁的谭嗣同和康广仁、杨深秀、杨锐、林旭、刘光第等六位爱国人士，惨遭清朝政府杀戮，时人称他们为"戊戌六君子"。

谭嗣同就义后，由谭家老管家刘凤池偷偷为他收尸埋葬。第二年，他的遗骸运回湖南老家，安葬于浏阳城外石山下，墓前华表上镌刻着一副对联。

"亘古不灭，片石苍茫立天地，一峦挺秀，群山奔趋若波涛。"

■故事感悟

维新志士谭嗣同是为了祖国的昌盛而牺牲，他永远活在人们心中。他愿为变法流血、勇为天下先的壮志，必将永远激励着千千万万有志于振兴中华的人。

■史海撷英

南学会

南学会是"戊戌变法"时期成立于湖南讲求新学的团体，由谭嗣同、唐才常等人发起，得到湖南巡抚陈宝箴等开明官吏的支持。1895年中日甲午战争后，谭嗣同等人"思保湖南的独立"，使南中国"可以不亡"，于是组织该会。长沙设总会，各府厅州县设分会。主要活动是讲演，它既与时务学堂相表里，又有《湘报》配合宣传，思想甚为活跃，影响相当广泛，对促进湖南推行新政、转变社会风气起了重要作用。

■文苑拾萃

有感一章

（清）谭嗣同

世间无物抵春愁，合向苍冥一哭休。
四万万人齐下泪，天涯何处是神州？

老子与孔子论道

老聃（生卒不详），字伯阳，谥号聃，又称李耳，楚国苦县历乡曲仁里人。他是我国最伟大的哲学家和思想家之一，被道教尊为教祖，世界百位历史名人之一，存世有《道德经》（又称《老子》），其作品的精华是朴素的辩证法，主张无为而治，其学说对中国哲学的发展具有深刻影响。

春秋末期，道家的创始人老聃，又称为老子，担任周朝时的国家图书馆和历史档案馆的馆长，也是当时的老寿星，传说和古代的彭祖一样活到八百多岁，最后出了函谷关，不知到哪儿去了。他不但是中国道家的创始人，而且由于他掌管周朝的文书档案和典籍，非常有学问，收弟子多人，例如，御风而行的列御寇、拔一毛利天下而不为的杨朱等都是他的学生。老子的三传四传弟子有彭蒙、田骈、慎到，后来的庄子是老子学说的集大成者。

孔子总觉得自己学问不深，对"道"没有理解。有一次，他去向老聃请教。恰逢老聃刚刚洗完头发，正在披散头发晾干，木然而立，不像一个活人的样子。孔子先是没敢打扰，在一个隐蔽处耐心地等待。过了一会儿，孔子才进入老聃的住所，说："是我眼睛花呢？还是所看的东西小呢？刚才先生身体兀然立着一动不动，好像一段枯干的木头，又像是遗弃了万物离开众人而孤独一人的样子。"

老聃说："那是我在神游万物初生的混沌境界里的精神状态。"

孔子说："这是什么意思呢？"

老聃说："心困惑于它而茫然不知，口对它开着而不能说话。地的极致为阴冷之气，天的极致为炎热之气，阴冷的气根于天，炎热的气本于地，两者相互交流融合而生成万物。消亡又生息，满盈又空虚；一暗一明，日日改变，月月转化，虽有所作为而不见功效。生有所萌发之处，死有所归宿之地，始终轮回没有边际，也不知其穷尽。没有它，谁来主宰啊！"

孔子说："请问神游大道的情形。"

老聃说："能得神游于此为至美至乐。能得至美而达于至乐，就叫做至人。"

孔子说："请问达于至美至乐的道理。"

老聃说："食草的兽类，不担忧更换水草地；水生的虫类，不担忧改换池水。实行小的变化而未失去基本生活条件，喜怒哀乐之情就不会进入心里。至于天下，是万物共同生息之所。得到共同的生息之气而能混同为一，则四肢百节就将成为废物，而死生终始也将如昼夜之更迭，不能混乱，何况得失祸福之所依附啊！遗弃隶属自己的物如同抛弃泥土，这是知晓身子贵于隶属之物。知道自身的贵重又不惜与变化俱往，而且千变万化是未曾有终极的，又何必为此心忧！懂得天道的人是会理解这个道理的。"

孔子说："先生的德行与天地匹配，还借助至道之言以修真养性，古代的君子谁又能有负于修养呢？"

老聃说："不是这样。水之于澄澈，是无为而治才自然如此的；至人之于德行，不需修养而成，顺从天道，万物不能离开它。就像天自然就高，地自然就厚，日月自然就明亮一样，何用修养啊！"

孔子辞别老子出来，把这些自然至人无己守真的话告诉颜回，说："我对于道的认识，就如同醋缸中的飞虫般渺小，没有先生揭开我的蒙蔽，我就不知道天地大全之理啊！"

颜回问："至人，除您说的之外，还有什么特征呢？"

孔子说："作为至人，上可探测青天，下可潜察黄泉，纵横自如于四面八方，而神情没有变化。"想了一会儿又说："那种至人，因顺自然而求食于大地，因顺自然而同乐于天庭。不因人事利害而相互纠缠、相互怪罪、相互图谋和践踏，自由自在而去，无知无虑而来。这就是至人保身全生之术了。"

颜回又进一步问道："那么这就是达到至道了吗？"

孔子答道："没有，我曾告诉你说：'能像婴儿吗？'婴儿的举动不知要干什么，行走不知所去的方向，身体像槁枝而心灵像死灰。这样，祸也不会到，福也不会来。没有祸福，哪里还有人为的灾害呢？"

■故事感悟

这则故事讲的是顺其自然、天人合一的思想，开导人们不要过多地贪图人为的欲望而忘记了自然规律的制约。

■史海撷英

老聃求学

老聃入周，拜见博士，入太学，天文、地理、人伦，无所不学，《诗》

《书》《易》《历》《礼》《乐》无所不览，文物、典章、史书无所不习，三年而大有长进。博士又荐其入守藏室为吏。守藏室是周朝典籍收藏之所，集天下之文，收天下之书，汗牛充栋，无所不有。老聃处其中，如蛟龙游入大海，海阔凭龙跃；如雄鹰展翅蓝天，天高任鸟飞。老聃如饥似渴，博览泛观，渐臻佳境，通礼乐之源，明道德之旨，三年后又迁任守藏室史，闻名遐迩，声播海内。

□ 文苑拾萃

读老子

（宋）陆游

道德五千言，巍巍众妙门。
管窥那见豹？指染仅尝鼋。
正尔分章句，谁欤达本源？
蜀庄犹不死，过我得深论。

《凤台凭吊》

苟守义

凤凰台上凤凰飞，李耳升天不复归。
辩证法则留后世，德行大道古今槐。

看破生死超脱自然

端木赐（公元前520—前456），字子贡，是孔门七十二贤之一，也是孔子的得意门生之一，列言语科之优异者。孔子曾称其为"瑚琏之器"。他利口巧辞，善于雄辩，且有干济才，办事通达。曾任鲁、卫两国之相。他还善于经商之道，曾经商于曹、鲁两国之间，富致千金，为孔子弟子中首富。相传，孔子病危时，未赶回。子贡觉得对不起老师，别人守墓三年离去，他在墓旁再守了三年，一共守了六年。

子桑户、孟子反、子琴张三个人在一起谈论说："谁能够做到相交而不是有意相交，相助而不是有意相助呢？谁能够登上天空，遨游在云雾里，升腾于无极中，置生死于度外，而没有穷尽呢？"三个人相视而笑，心心相通，于是相互成了朋友。

后来，子桑户病亡，但还没有下葬。孔子听后，让弟子子贡前往帮助办理丧事。子贡来到子桑户家，看见孟子反和子琴张两个人一个在编曲，一个在弹琴，还应和着唱道："哎呀桑户啊！哎呀桑户啊！你已经回归自然了，而我们还是活着的人啊！"子贡感到惊奇，就走上前问："请问，你们面对着尸体，却唱起歌来，这合乎礼仪吗？"两个人相视而笑，说："这种人哪里知道什么是礼仪呢？"

子贡回去后，把这事告诉了孔子，说："他们究竟是什么人啊？不讲求道德的修养，也不珍惜自身的存在，面临朋友的尸体唱起歌来，脸色不变，不知如何形容他们才恰当。他们究竟是什么人呢？"

孔子说："他们是超脱世俗的人，而我们是世俗之内的人。世俗之外和世俗之内是不相干的，我却让你去前往吊唁，这是我浅陋无知呀！他们正和造物者为伴，遨游在天地间的元气之中。他们把生看作是附在身上的赘瘤，把死看作是脓疮溃破，像这样的认识，又哪里知道生死有先后优劣的差别呢？凭借着外界的物质，聚合成为一个形体；遗忘了体内的肝胆，遗忘了体表的耳目；让生命随着自然而循环变化，不探求它们的原委；茫然无知地彷徨于尘世之外，逍遥自在地生活于自然的境界中。这样，他们怎能不情愿地仿效世俗的礼仪，做给一般人看呢？"

子贡听孔子这么说，就问："那么，先生倾向于哪一方面呢？"

孔子说："我应当是受自然之道惩罚的人。尽管如此，我和你仍然要共同追求那自然之道。"

子贡又问："请问自然之道的方法。"

孔子说："鱼向往水，人向往道。向往水的，有了池塘，给养就充足了；向往道的，无所追求，心性就趋于自然了。"

子贡继续问："请问不合于俗的异人是什么人？"

孔子说："异人是不同于世俗而合于自然的人。所以说，对于自然来说是小人的，却是世俗间的君子；对于世俗间来说是君子的，却是自然的小人。"

"死和生都不是人为力量所能左右的，如同黑夜和白天交替那样不断地变化，完全出于自然。有些事情是人们不可能参与和干预的，这都是事物自身变化的结果。人们总是把天看作生命之父，而且终生爱戴它，更何况是主宰变化的大道呢？"

"泉水干涸了，鱼儿困在陆地上相互依偎，互相大口出气来吸得一点湿气，以唾沫相互润湿，与其如此，不如将过去江湖中的生活忘掉。大地把我的形体托载，并且用生存使我劳苦，用衰老使我闲适，用死亡使我安息。所以，把我的存在看作是好事，也就因此应该把我的死亡也看作好事。"

▇故事感悟

故事中讨论人的死和生，认为死和生都是自然变化的现象，只有看破死和生，超脱世俗之见，才能使思想得到真正解放。这是有积极和进步意义的，我们可以适当借鉴。

▇史海撷英

子贡问孔子

子贡向孔子问道："乡里的人都喜欢他，这个人怎么样？"孔子说："不行啊。"子贡又问："乡里的人都憎恶他，这个人又怎样呢？"孔子说道："也不行啊。最好是乡里的好人都喜欢他，而乡里的坏人都憎恶他。"这是因为君子和小人的意趣定相反，小人憎恶君子也就像君子憎恶小人一样。要想探明真实的情况，取决于慎重地听取反映。听取君子的话，就废止了小人的邪道；而听取小人的话，君子的正道就会消亡。